职业本科 智能制造领域 产教融合新形态教材

智能工厂应用与虚拟仿真调试

主　编　宋志刚　郭树军　文双全
副主编　姜　翰　黎良田　李　莹　丁文翔　杨　敏
参　编　王　珍　詹泽海　徐耀辉　杨　阳
　　　　马松松　熊俊峰　李　达

机械工业出版社
CHINA MACHINE PRESS

本书是根据高等职业教育智能制造工程技术、机械电子工程技术、自动化技术与应用等职业本科专业，机电一体化技术、工业机器人技术、电气自动化技术等职业专科专业的人才培养目标，结合智能制造领域相关行业的岗位群要求编写的。

全书共 11 个项目，主要讲述了智能制造发展与应用状况分析、智能工厂的布局规划、智能工厂的整体设计与规划、智能工厂的认知、智能工厂生产线的操作、智能工厂生产线的安装、智能工厂生产线调试准备、智能工厂单元编程与调试、智能工厂生产线综合调试、智能工厂生产线的维护和维修、智能工厂生产线的验收与交付等内容。

本书按照由易到难、由部分到整体的设计思路来规划教材内容，突出理论联系实际，加强针对性和实用性，注重引入四新技术，且在编写理念上以项目引导，以任务驱动，力求层次清楚，内容难易适度、通俗易懂。

本书配有大量工业应用案例和数字化模型，可实现脱离实际载体开展智能工厂学习，适合作为职业本科和应用型本科的教材，同时也适合企业工程技术人员学习和参考。

本书配有微课视频，可扫描书中二维码直接观看，还配有授课电子课件、习题答案等，需要的教师可登录机械工业出版社教育服务网 www.cmpedu.com 免费注册后下载，或联系编辑索取（微信：13261377872，电话：010-88379739）。

图书在版编目（CIP）数据

智能工厂应用与虚拟仿真调试 / 宋志刚，郭树军，文双全主编．－－北京：机械工业出版社，2025.3．
（职业本科智能制造领域产教融合新形态教材）．－－ISBN 978-7-111-77417-4

Ⅰ．F407.4

中国国家版本馆 CIP 数据核字第 2025WN0560 号

机械工业出版社（北京市百万庄大街 22 号　邮政编码 100037）
策划编辑：曹帅鹏　　　　　　　责任编辑：曹帅鹏
责任校对：闫玥红　薄萌钰　　　封面设计：马精明
责任印制：张　博
北京建宏印刷有限公司印刷
2025 年 3 月第 1 版 第 1 次印刷
184mm×260mm・14 印张・346 千字
标准书号：ISBN 978-7-111-77417-4
定价：59.00 元

电话服务　　　　　　　　　　网络服务
客服电话：010-88361066　　　机　工　官　网：www.cmpbook.com
　　　　　010-88379833　　　机　工　官　博：weibo.com/cmp1952
　　　　　010-68326294　　　金　书　网：www.golden-book.com
封底无防伪标均为盗版　　　机工教育服务网：www.cmpedu.com

前言
PREFACE

　　党的二十大报告提出"推进新型工业化,加快建设制造强国、质量强国、航天强国、交通强国、网络强国、数字中国",制造强国是国家的重大战略发展方向。在技术应用领域,需要通过加强对技术技能人才的培养,造就更多适应智能制造新时代要求的"卓越工程师、大国工匠、高技能人才"。智能工厂的应用变得不可或缺。

　　为深入贯彻党的二十大和全国教育大会精神,本书旨在培养造就大批德才兼备的高素质人才,同时以社会主义核心价值观为引领,按照工程技术员职责以及新时代职业教育思想,将科学文化素质、职业素养、严谨求实的科学态度以及精益求精的工匠和劳动精神以润物细无声的方式融入教材中。全面提升学生的创新、协作互助、协同管理等能力,满足智能工厂技术发展和教学的需要。

　　近年来,随着经济的快速发展,我国已成为世界性制造大国,为了实现从制造大国向制造强国的转变,我国提出了以提质增效为中心,以加快新一代信息技术与制造业深度融合为主线,以推进智能制造为主攻方向的转型升级战略。各种智能制造装备层出不穷并得到广泛应用。智能工厂是实现智能制造的重要载体,它借助自动化、MES、RFID和Process Simulate等技术,对传统生产线进行全面升级,有效提高了生产率、降低了生产成本、优化了资源配置。同时,智能工厂通过可视化管理,实现了生产过程的全面掌控,提升了产品质量和生产灵活性。智能工厂的出现,为企业的可持续发展提供了强有力的支持,推动着企业不断追求高效、灵活、可持续的生产模式。随着技术的不断进步和应用的持续深入,智能工厂将在未来发挥更加重要的作用,助力企业实现更加卓越的生产运营。

　　本书围绕智能工厂在研发、设计、编程、控制、安装、调试、维修和交付等过程中的具体操作,并穿插着数字孪生技术在智能工厂生产流程中发挥的作用,详细讲解了智能工厂从研发到交付过程中的实施步骤以及相关的理论知识和技能操作,按照由易到难、由部分到整体的设计思路来规划教材内容。本书共11个项目。项目1对智能制造发展与应用状况进行分析,通过任务调研的形式了解智能制造的概念、内涵、核心价值及关键技术等相关知识,并为本书内容的展开进行铺垫;项目2从智能工厂的规划布局中明确生产线布局设计原则,并且在Process Simulate平台中对智能工厂的布局进行仿真;项目3介绍智能工厂的整体设计与规划,包括生产线设计的原则和流程,以及夹爪、气缸、传感器的选型原则,并在Process Simulate平台中对机构进行仿真验证;项目4主要介绍对智能工厂各单元的认知,其中包括单元的主要元器件类型、功能以及生产线关键技术的认知;项目5介绍智能工厂生产线的操作,包括开机前的生产线检查、上电初始化流程、操作模式的切换以及生产线急停的操作等内容;项目6讨论智能工厂生产线的安装,以机器人装配单元为例讲解生产线各设备安装的注意事项,并且在Process Simulate平台中仿真机器人装配单元的组装过程;项目7讲解智能工厂调试前的准备工作，从生产线安全检查到信号点位测试，确保智能工厂的稳定运行；项目8介绍智能工厂机器人装配单元的虚拟调试，通过实现虚拟PLC中的信号和Process Simulate平台中机器人装配单元设置的信号相互通信，完成对机器人装配单元的虚拟调试；项目9主要介绍实现智能工厂虚实联调的操作，根据生产线要实现的功能，完成智能工厂的Process Simulate模型参数设置，将智能工厂的PLC程序导入并下载到博途软件中完成PLC组态设置，然后，设置OPC Link的环境，创建OPC Link信号，通过外部信号通信，实现智能工厂的虚实联调；项目10介绍智能工厂生产线的维护和维修，以前盖单元、检测单元、后盖单元和机器人装配单元为例，完成智能工厂的维护与维修工作；项目11介绍智能工厂生产线的验收与交付，涵盖了交付清单、培训和成本核算等内容。

本书基于成果导向的模式编写，将来源于现实的案例分解成项目，再细致到任务，讲解任务完成过程中用到的理论知识和实践技能，条理清晰，目标明确，可操作性强。同时，本书融入了企业真实需要的职业技能，让教材更具有实用性；还融入了思政元素，将科学思维、家国情怀、职业精神和专业知识相结合，落实立德树人的根本目标。

本课程学时数建议为96学时，可通过学银在线的在线开放课程进行学习或教学参考，网址为https://www.xueyinonline.com/detail/235369963。本课程在上述平台进行周期性开课，学员根据进度进行学习，学习综合成绩达到60分可获得平台颁发的课程证书。各院校任课教师可在上述在线开放课程的基础上开展线上线下混合式SPOC教学，根据实际情况灵活选择和安排教学内容。

本书由深圳职业技术大学宋志刚、郭树军、文双全主编，科斯特数字化智能科技（深圳）有限公司姜翰和深圳职业技术大学黎良田、李莹、丁文翔、杨敏为副主编，科斯特数字化智能科技（深圳）有限公司王珍、李达和深圳职业技术大学詹泽海、徐耀辉、杨阳、马松松、熊俊峰参编。本书内容依托费斯托公司"CP Factory"智能工厂实训设备。在编写过程中，费斯托公司提供了相关技术资料和图片，编者还参考了国内外许多专家、学者及工程技术人员的著作等资料，在此一并致谢。

虽然对全书进行了认真的审读和修改，但书中难免有不妥之处，恳请广大读者给予指正，编者将不胜感谢。联系邮箱：522628442@qq.com。

编　者

目录 CONTENTS

前言

项目1　智能制造发展与应用状况分析　1
1.1　项目描述　1
 1.1.1　工作任务　1
 1.1.2　任务要求　2
 1.1.3　学习成果　2
 1.1.4　学习目标　2
1.2　工作任务书　2
1.3　知识准备　3
 1.3.1　智能制造概念　3
 1.3.2　智能制造内涵及核心价值　3
 1.3.3　智能制造系统的构成要素　4
 1.3.4　智能制造系统架构及标准体系　5
 1.3.5　智能制造核心技术及关键技术　8
 1.3.6　智能制造的应用领域　9
1.4　任务实施　12
 1.4.1　智能制造行业调研方法　12
 1.4.2　编写智能制造行业调研报告表　14
1.5　任务评价　15
1.6　任务拓展　15
1.7　练习题　16

项目2　智能工厂的布局规划　17
2.1　项目描述　17
 2.1.1　工作任务　17
 2.1.2　任务要求　18
 2.1.3　学习成果　18
 2.1.4　学习目标　18
2.2　工作任务书　18
2.3　知识准备　19
 2.3.1　智能工厂　19

CONTENTS 目录

  2.3.2 智能工厂布局设计原则 20
  2.3.3 智能工厂布局的一般步骤 21
  2.3.4 智能工厂布局常用方法 21
  2.3.5 智能装备 21
  2.3.6 自动化生产线 22
  2.3.7 智能工厂生产线 23
  2.3.8 数字化工厂 24
 2.4 任务实施 24
  2.4.1 智能工厂整体布局规划 24
  2.4.2 智能工厂整体布局图 30
 2.5 任务评价 31
 2.6 任务拓展 31
 2.7 练习题 32

项目3 智能工厂的整体设计与规划 34
 3.1 项目描述 34
  3.1.1 工作任务 34
  3.1.2 任务要求 35
  3.1.3 学习成果 35
  3.1.4 学习目标 35
 3.2 工作任务书 35
 3.3 知识准备 36
  3.3.1 智能工厂的设计原则 36
  3.3.2 智能工厂设计的一般流程 36
  3.3.3 夹爪的选型原则 37
  3.3.4 气缸的选型原则 37
  3.3.5 传感器的选型原则 38
 3.4 任务实施 39
  3.4.1 客户需求与生产工艺分析 40
  3.4.2 智能工厂的布局及三维建模 40
  3.4.3 智能工厂的虚拟仿真验证 41
  3.4.4 按需下单采购设备 54
  3.4.5 智能工厂的现场调试 54
  3.4.6 智能工厂的维护与维修 54

	3.4.7　智能工厂的设计说明书	55
3.5	任务评价	56
3.6	任务拓展	56
3.7	练习题	57

项目4　智能工厂的认知　59

4.1	项目描述	59
	4.1.1　工作任务	59
	4.1.2　任务要求	59
	4.1.3　学习成果	60
	4.1.4　学习目标	60
4.2	工作任务书	60
4.3	知识准备	61
	4.3.1　智能工厂整体认知	61
	4.3.2　智能工厂的结构认知	61
	4.3.3　智能工厂的关键技术认知	67
	4.3.4　智能工厂的主要元器件认知	68
4.4	任务实施	74
	4.4.1　智能工厂的物料流分析	74
	4.4.2　智能工厂的信息流分析	75
	4.4.3　智能工厂生产线说明书	77
4.5	任务评价	77
4.6	任务拓展	78
4.7	练习题	78

项目5　智能工厂生产线的操作　80

5.1	项目描述	80
	5.1.1　工作任务	80
	5.1.2　任务要求	80
	5.1.3　学习成果	81
	5.1.4　学习目标	81
5.2	工作任务书	81
5.3	知识准备	82
	5.3.1　智能工厂的指示标识	82
	5.3.2　智能工厂安全操作规程	83

CONTENTS 目录

  5.3.3 智能工厂PLC的认知 84
  5.3.4 智能工厂工业机器人 87
  5.3.5 MES的认知 88
 5.4 任务实施 90
  5.4.1 智能工厂的开机前物料检查 90
  5.4.2 智能工厂的开机前检查 92
  5.4.3 智能工厂的上电初始化流程 93
  5.4.4 智能工厂的操作模式 95
  5.4.5 智能工厂的Default模式 96
  5.4.6 智能工厂的MES模式 97
  5.4.7 智能工厂的急停操作流程 99
  5.4.8 智能工厂生产线操作说明书 100
 5.5 任务评价 100
 5.6 任务拓展 101
 5.7 练习题 102

项目6 智能工厂生产线的安装 104

 6.1 项目描述 104
  6.1.1 工作任务 104
  6.1.2 任务要求 105
  6.1.3 学习成果 105
  6.1.4 学习目标 105
 6.2 工作任务书 105
 6.3 知识准备 106
  6.3.1 智能工厂主要部件的结构 106
  6.3.2 传感器安装的注意事项 106
  6.3.3 气缸安装的注意事项 110
  6.3.4 电磁阀安装的注意事项 113
  6.3.5 主要元器件的电气识图流程 115
  6.3.6 智能工厂的接线工艺 116
 6.4 任务实施 116
  6.4.1 机器人装配单元的装配 116
  6.4.2 机器人装配单元的安装仿真 136
 6.5 任务评价 139

6.6	任务拓展	139
6.7	练习题	140

项目7　智能工厂生产线调试准备　141

7.1	项目描述	141
	7.1.1　工作任务	141
	7.1.2　任务要求	141
	7.1.3　学习成果	142
	7.1.4　学习目标	142
7.2	工作任务书	142
7.3	知识准备	143
	7.3.1　调试前的工厂安全检查	143
	7.3.2　调试前工厂的资料准备及作用	143
7.4	任务实施	144
	7.4.1　机器人装配单元组成	144
	7.4.2　系统安全上电	144
	7.4.3　硬件检查	145
	7.4.4　PLC打点测试	145
	7.4.5　智能工厂调试手册	146
7.5	任务评价	146
7.6	任务拓展	147
7.7	练习题	147

项目8　智能工厂单元编程与调试　149

8.1	项目描述	149
	8.1.1　工作任务	149
	8.1.2　任务要求	150
	8.1.3　学习成果	150
	8.1.4　学习目标	150
8.2	工作任务书	150
8.3	知识准备	151
	8.3.1　接近开关/单向节流阀	151
	8.3.2　AGV智能系统	152
	8.3.3　RFID读/写系统	153
8.4	任务实施	153

CONTENTS 目录

    8.4.1 接近开关和单向节流阀的调试 153
    8.4.2 RFID和AGV的调试 154
    8.4.3 站点手/自动调试 155
    8.4.4 智能工厂的虚拟调试 156
  8.5 任务评价 160
  8.6 任务拓展 161
  8.7 练习题 162

项目9　智能工厂生产线综合调试 163

  9.1 项目描述 163
    9.1.1 工作任务 163
    9.1.2 任务要求 164
    9.1.3 学习成果 164
    9.1.4 学习目标 164
  9.2 工作任务书 164
  9.3 知识准备 165
    9.3.1 MES与PLC间的关系 165
    9.3.2 精益生产 166
    9.3.3 工业组网 167
    9.3.4 网络安全测试 169
    9.3.5 I/O_Link通信 169
  9.4 任务实施 171
    9.4.1 立体仓库单元的虚实联调 172
    9.4.2 前盖单元的虚实联调 175
    9.4.3 检测单元的虚实联调 177
    9.4.4 钻孔单元的虚实联调 178
    9.4.5 机器人装配单元的虚实联调 178
    9.4.6 后盖单元的虚实联调 180
    9.4.7 压紧单元的虚实联调 181
    9.4.8 输出单元的虚实联调 181
    9.4.9 多站通信的注意事项 183
  9.5 任务评价 185
  9.6 任务拓展 185
  9.7 练习题 186

项目10　智能工厂生产线的维护和维修　187

10.1　项目描述　187
10.1.1　工作任务　187
10.1.2　任务要求　188
10.1.3　学习成果　188
10.1.4　学习目标　188

10.2　工作任务书　188

10.3　知识准备　189
10.3.1　机器人的维护和维修　189
10.3.2　智能工厂的维护方式和内容　190
10.3.3　智能工厂的故障分析法　194
10.3.4　智能工厂的维修记录与总结　194

10.4　任务实施　195
10.4.1　智能工厂前盖单元故障诊断与排除　195
10.4.2　智能工厂检测单元故障诊断与排除　196
10.4.3　智能工厂后盖单元故障诊断与排除　197
10.4.4　智能工厂机器人装配单元故障诊断与排除　198
10.4.5　智能工厂维修手册　199
10.4.6　智能工厂维护手册　200

10.5　任务评价　201
10.6　任务拓展　201
10.7　练习题　202

项目11　智能工厂生产线的验收与交付　203

11.1　项目描述　203
11.1.1　工作任务　203
11.1.2　任务要求　204
11.1.3　学习成果　204
11.1.4　学习目标　204

11.2　工作任务书　204

11.3　知识准备　205
11.3.1　验收前的需求清单　205
11.3.2　培训方案的制作与实施过程　205
11.3.3　培训记录的制作和核算成本　206

CONTENTS 目录

　　11.4　任务实施　　　　　　　　　　　207
　　　　11.4.1　智能工厂验收　　　　　　207
　　　　11.4.2　智能工厂交付　　　　　　207
　　　　11.4.3　验收与交付明细　　　　　208
　　11.5　任务评价　　　　　　　　　　　209
　　11.6　任务拓展　　　　　　　　　　　210
　　11.7　练习题　　　　　　　　　　　　210
参考文献　　　　　　　　　　　　　　212

PROJECT 1 项目 ①

智能制造发展与应用状况分析

▶ 1.1 项目描述

1.1.1 工作任务

21世纪以来,世界上主要国家都非常重视制造业发展战略。无论是德国的"工业4.0"、美国的"工业互联网",还是日本的"智能制造系统",都是根据各自国情为本国工业制定的系统性规划。我国作为制造业大国,推进新型工业化,加快建设制造强国是我国的发展方向。本项目通过线上调查问卷和线下访谈等方式,了解企业对智能制造的概念、应用领域、内涵及核心价值、系统架构及标准体系、核心技术及关键技术和构成要素等方面的应用情况以及未来规划,完成对深圳×××新能源汽车工厂智能制造技术应用和发展状况的市场调研报告。图1-1所示为智能工厂的系统层次划分。

生产指挥
系统

MES APS WMS
车间仿真 AGV
立体仓库等物流设备

自动化/柔性生产线
电子看板 传感器 机器视觉 SPC

智能生产设备 能源测量与监控设备
智能物流设备 智能检测与数据采集设备

工厂物流 车间联网 信息安全 视频监控 身份识别 工业安全

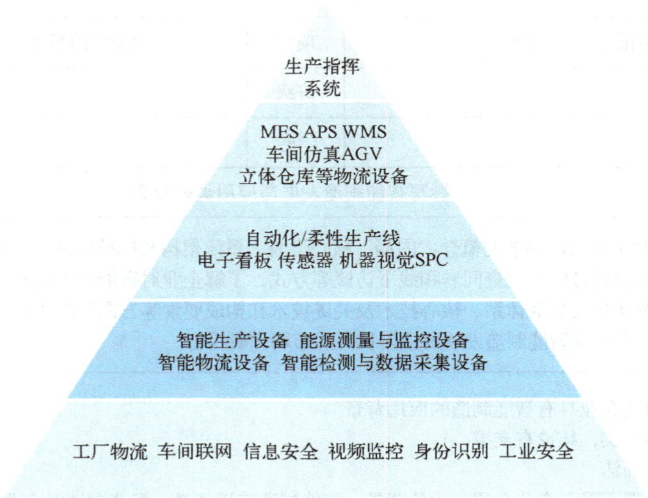

◆ 图1-1 智能工厂的系统层次划分 ◆

1.1.2 任务要求

1．完成对深圳×××新能源汽车智能工厂的考察调研。
2．围绕调查主题开展调研报告的编写。

1.1.3 学习成果

在了解智能制造的概念及核心价值后，通过学习掌握智能制造的核心技术和关键技术，完成深圳市新能源汽车行业智能制造调研报告。

1.1.4 学习目标（图1-2）

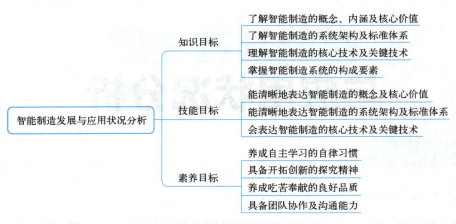

◆ 图1-2 学习目标 ◆

▶ 1.2 工作任务书

在工作过程中，请结合表1-1中的内容了解本项目的任务和关键指标。

表1-1 智能制造发展与应用状况分析任务书

任务书			
课程	智能工厂综合实训	项目	智能制造发展与应用状况分析
姓名		班级	
时间		学号	
任务	撰写智能制造发展与应用调研报告		
项目描述	本项目重点介绍了智能制造的概念、内涵、核心价值、系统架构及标准体系、核心技术及关键技术和构成要素等。本项目通过线上调查问卷和线下访谈等方式，了解企业对智能制造的概念、应用领域、内涵及核心价值、系统架构及标准体系、核心技术及关键技术和构成要素等方面的应用情况以及未来规划，完成深圳市新能源汽车行业智能制造发展及应用状况的市场调研报告		
关键指标	1．接受调研的企业具有智能制造的应用背景 2．调研数据详实，结论有支撑 3．文字表达简洁 4．内容包含但不限于企业介绍、业务背景、智能制造应用场景、智能制造对企业的价值等		

▶ 1.3 知识准备

1.3.1 智能制造概念

1. 国外对于智能制造的定义

1-1 知识准备

1）欧洲未来工厂研究协会（EFFRA）：欧洲未来工厂研究协会将智能制造定义为"通过智能化、网络化和数字化技术来提高制造业的竞争力，实现更灵活、智能、可持续和个性化的生产"。

2）国际标准化组织（ISO/IEC JTC 1）：国际标准化组织将智能制造定义为"利用信息技术和先进的制造技术来提高制造业的效率、灵活性、可持续性和竞争力"。

3）德国工业4.0战略：德国的工业4.0战略将智能制造视为"通过数字化技术实现物理世界和虚拟世界的融合，从而实现高度灵活和高度个性化的生产"。

2. 国内对于智能制造的定义

1）中国工程院：中国工程院将智能制造定义为"利用信息技术推动传统产业转型升级，提高资源利用效率和经济效益，增强产业创新能力和核心竞争力的一种制造模式"。

2）中国智能制造产业创新联盟：该联盟将智能制造定义为"利用物联网、云计算、大数据、人工智能等技术实现生产自动化、智能化、网络化、服务化的新型制造模式"。

3）中国科学院自动化研究所：该研究所将智能制造定义为"利用先进的信息技术、网络技术、智能技术等，通过智能化、网络化、数字化等手段，实现制造过程的智能化和自动化"。

1.3.2 智能制造内涵及核心价值

1. 智能制造的内涵

1）技术内涵：智能制造依赖于一系列先进技术的集成应用，包括物联网（IoT）、大数据分析、人工智能（AI）、机器学习、云计算、自动化控制和3D打印等。这些技术共同构建了智能制造的基础设施和生产环境。

2）智能化内涵：智能制造的核心是实现生产过程的智能化，即通过数据驱动的方式实现自动化、自适应性和自学习的生产模式。这包括智能生产计划、智能设备、智能监控与诊断以及智能协作机器人等。

3）网络化内涵：智能制造强调生产要素之间的高度连接和信息共享，构建了一个网络化的生产系统。这包括设备之间的连接、企业内部各环节的协同以及企业与供应链之间的联动等。

4）数字化内涵：智能制造实现了生产数据的数字化采集、存储、处理和分析，将生产过程转化为数字化的信息流。这不仅提高了生产过程的透明度和可控性，也为智能决策和优化提供了数据支持。

5）灵活化内涵：智能制造注重生产过程的灵活性和适应性，能够快速响应市场需求变化、产品定制化需求等。这包括生产线的柔性设计、智能物流调度和生产资源的动态配置等。

6）服务化内涵：智能制造不仅关注产品的制造过程，还关注与产品相关的服务，如售后服务、维护保养等。智能制造将生产与服务相结合，实现了全生命周期的价值提升。

2. 智能制造的核心价值

1）提高生产率：智能制造通过自动化、智能化的生产流程，能够大幅度提升生产率。自动化设备和智能系统可以实现高速、精准、连续的生产，减少人为操作，从而降低生产成本、提高产能。

2）优化资源利用：智能制造可以通过数据分析和智能调度，实现对生产资源的最优配置和利用，减少浪费，提高资源利用效率。这包括人力资源、原材料和能源等资源的优化利用。

3）产品质量提升：智能制造引入了智能监控、自动检测等技术手段，能够及时发现生产过程中的问题，并采取措施进行调整，从而保障产品质量，降低次品率。

4）实现个性化定制：智能制造的灵活性和智能化生产系统，使得生产能够更加灵活地满足不同客户的个性化需求。通过数字化生产和柔性制造，可以实现批量生产和定制生产的有机结合。

5）降低生产风险：智能制造通过实时监控和数据分析，能够及时发现生产过程中的异常情况，并采取预警和应对措施，降低生产风险，提高生产稳定性和可靠性。

6）促进产业升级：智能制造作为新一代制造模式，能够推动传统产业向高端、智能化方向升级，提升产业竞争力，促进产业结构优化和产业转型升级。

1.3.3 智能制造系统的构成要素

1. 传感器与执行器

传感器用于采集生产过程中的各种数据，如温度、压力和速度等参数，而执行器则用于根据系统的指令执行相应的操作，实现自动化控制。

2. 物联网设备

物联网设备通过连接传感器、执行器和其他设备，实现设备之间的信息共享和数据交换，构建起一个连接各个环节的物理网络。

3. 数据采集与处理系统

数据采集与处理系统负责将从传感器和物联网设备中采集到的数据进行整合、处理和分析，提取有用的信息，为智能决策提供数据支持。

4. 人工智能和机器学习算法

人工智能和机器学习算法用于分析和挖掘大数据，发现数据中的规律和模式，并基于这些信息进行智能决策和优化调整。

5．云计算服务平台

云计算服务平台提供了大规模的计算和存储资源，支持数据的存储、处理和分析，同时还能够实现多地点的协同工作和远程管理。

6．数字孪生（Digital Twin）

数字孪生是物理系统的数字化映像，通过实时数据更新，反映物理系统的状态和行为，可以用于模拟和优化生产过程。

7．智能控制系统

智能控制系统根据从数据采集与处理系统获取的信息，采取相应的控制策略，调整生产过程的参数，实现生产过程的智能化和自动化。

8．信息安全与隐私保护

智能制造系统中涉及大量的数据交换和信息共享，因此信息安全和隐私保护成为至关重要的要素，包括网络安全、数据加密和权限控制等。

1.3.4　智能制造系统架构及标准体系

1．智能制造系统架构

智能制造系统架构从生命周期、系统层级和智能特征等维度对智能制造所涉及的要素、装备和活动等内容进行描述，主要用于明确智能制造的标准化对象和范围，如图1-3所示。

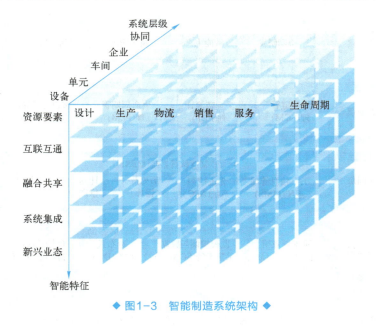

◆ 图1-3　智能制造系统架构 ◆

2．生命周期

生命周期涵盖从产品原型研发到产品回收再制造的各个阶段，包括设计、生产、物流、销售和服务。设计是指根据企业的所有约束条件以及所选择的技术来对需求进行实现和优化的过程；生产是指将物料进行加工、运送、装配和检验等活动创造产品的过程；物流是指物品从供应地到接收地的实体流动过程；销售是指产品或商品等从企业转移到客户手中的经营活动；服务是指产品提供者与客户接触过程中所产生的一系列活动的过程及其结果，如图 1-4 所示。

◆ 图 1-4 生命周期 ◆

3. 系统层级

系统层级是指与企业生产活动相关的组织结构的层级划分，包括设备层、单元层、车间层、企业层和协同层，如图 1-5 所示。设备层是指企业利用传感器、仪器仪表、机器和装置等，实现实际物理流程并感知和操控物理流程的层级。单元层是指用于企业内处理信息、实现监测和控制物理流程的层级。车间层是实现面向工厂或车间的生产管理的层级。企业层是实现面向企业经营管理的层级。协同层是企业实现内部和外部信息互联和共享，实现跨企业间业务协同的层级。

◆ 图 1-5 系统层级 ◆

4. 智能特征

智能特征是指制造活动具有的自感知、自决策、自执行、自学习和自适应之类功能的表征，并且包括资源要素、互联互通、融合共享、系统集成和新兴业态等智能化要求，如图1-6所示。

◆ 图1-6　智能化要求 ◆

5．基础共性标准

基础共性标准主要用于统一智能制造的相关概念，解决智能制造的基础共性关键问题，如图1-7所示。其主要包括的内容如下：

1）通用标准主要包括术语定义、参考模型、元数据与数据字典和标识4个部分。
2）安全标准主要包括功能安全和网络安全2个部分。
3）可靠性标准主要包括工程管理和技术方法2个部分。
4）检测标准主要包括检测要求、检测方法和检测技术3个部分。
5）评价标准主要包括指标体系、能力成熟度、评价方法和实施指南4个部分。
6）人员能力标准主要包括智能制造人员能力要求和能力评价2个部分。

◆ 图1-7　基础共性标准 ◆

6．关键技术标准

关键技术标准主要包括智能装备、智能工厂、智慧供应链、智能服务、智能赋能技术和工业网络6个部分，如图1-8所示。

1）智能装备标准主要新增了自动识别设备、检验检测装备和其他3个部分。
2）智慧供应链标准主要新增了供应链建设、供应链管理和供应链评估3个部分。
3）智能赋能技术标准主要新增了数字孪生和区块链2个部分。
4）工业网络标准主要新增了工业网络融合和工业网络资源管理2个部分。

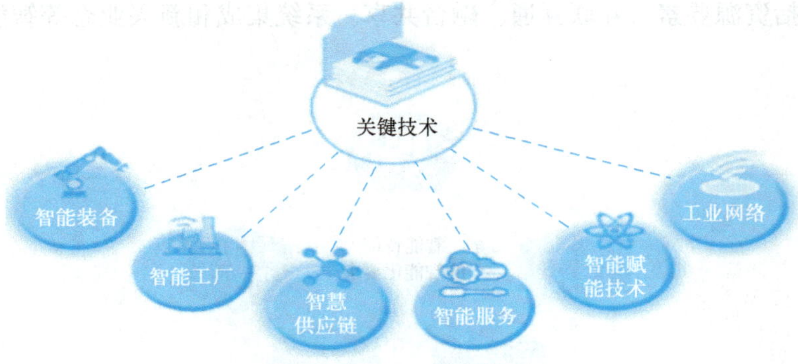

▲ 图1-8 关键技术标准 ▲

7. 行业应用标准

1）行业应用标准主要包括船舶与海洋工程装备、建材、石化、纺织、钢铁、轨道交通、航空航天、汽车、有色金属、电子信息、电力装备和其他共12个部分，如图1-9所示。

2）发挥基础共性标准和关键技术标准在行业标准制定中的指导和支撑作用，注重行业标准与国家标准间的协调配套，结合行业特点，重点制定规范、规程和指南类应用标准，进一步推进或完善行业智能制造标准体系，分析轻工、食品行业、农业机械和工程机械等智能制造标准化重点方向。

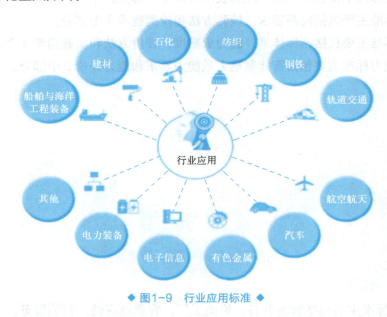

▲ 图1-9 行业应用标准 ▲

1.3.5 智能制造核心技术及关键技术

1. 工业机器人

1）工业机器人是面向工业领域的多关节机械手或多自由度的机器装置，具有柔性好、自动化程度高、可编程性好和通用性强等特点，如图1-10所示。

◆ 图1-10　工业机器人 ◆

2）智能控制是一类能独立地驱动智能机器实现其目标的自动控制。智能机器是能在各类环境中自主地或交互地执行各种拟人任务的机器。

2. 智能调度和工业互联网平台

1）调度问题的基本描述是"如何把有限的资源在合理的时间内分配给若干个任务，以满足或优化一个或多个目标"。智能调度就是充分应用有关问题域的知识，尽可能减少组合爆炸，实现最佳调度或使得组合问题获得有效解决的调度方法，如图1-11所示。

2）工业互联网即借助飞速发展的信息技术，在更高的层次上将生产所涉及的离散信息联结起来，利用大数据分析技术，优化生产过程，提高智能制造水平。

◆ 图1-11　智能调度 ◆

1.3.6　智能制造的应用领域

智能制造是实现整个制造业价值链的智能化和创新，是信息化与工业化深度融合的进一步提升。智能制造融合了信息技术、先进制造技术、自动化技术和人工智能技术。智能制造包括：开发智能产品；应用智能装备；自底向上建立智能产线，构建智能车间，打造智能工厂，形成智能物流和供应链体系；开展智能管理；推进智能服务；最终实现智能决策。

在智能制造的关键技术中，智能产品与智能服务可以帮助企业实现商业模式的创新；智能装备、智能产线、智能车间、智能工厂到数字化工厂，可以帮助企业实现生产模式的创新；智能研发、智能管理、智能物流与供应链可以帮助企业实现运营模式的创新；而智能决策则可以帮助企业实现科学决策。智能制造的这些技术之间是息息相关的，制造企业应渐进式、理性地推进这些智能技术的应用。

1. 智能产品

智能产品通常包括机械、电气和嵌入式软件，具有记忆、感知、计算和传输功能。典型的智能产品包括智能手机、智能可穿戴设备、无人机、智能汽车、智能家电和智能售货机等很多智能硬件产品。智能装备也是一种智能产品。企业应该思考如何在产品上加入智能化的单元，提升产品的附加值。

2. 智能服务

基于传感器和物联网，可以感知产品的状态，从而进行预防性维修维护，及时帮助客户更换备品备件，甚至可以通过了解产品运行的状态，帮助客户找到商业机会。还可以采集产品运营的大数据，辅助企业进行市场营销的决策。此外，企业开发面向客户服务的APP（Application），也是一种智能服务的手段，可以针对用户购买的产品提供有针对性的服务，从而锁定用户，开展服务营销。

3. 智能装备

制造装备经历了从机械装备到数控装备，目前正在逐步发展为智能装备。智能装备具有检测功能，可以实现在机检测，从而补偿加工误差，提高加工精度，还可以对热变形进行补偿。以往一些精密装备对环境的要求很高，现在由于有了闭环的检测与补偿，可以降低装备对环境的要求。

4. 智能产线

很多行业的企业高度依赖自动化生产线，比如钢铁、化工、制药、食品饮料、烟草、芯片制造、电子组装、汽车整车和零部件制造等，实现自动化的加工、装配和检测。一些机械标准件生产也应用了自动化生产线，比如轴承。但是，装备制造企业目前还是以离散制造为主。很多企业的技术改造重点就是建立自动化生产线、装配线和检测线。美国波音公司的飞机总装厂已建立了U型的脉动式总装线。自动化生产线可以分为刚性自动化生产线和柔性自动化生产线两种，柔性自动化生产线一般建立了缓冲。为了提高生产率，工业机器人、吊挂系统在自动化生产线上应用越来越广泛。

5. 智能车间

一个车间通常有多条生产线，这些生产线要么生产相似的零件或产品，要么有上下游的装配关系。要实现车间的智能化，需要对生产状况、设备状态、能源消耗、生产质量和物料消耗等信息进行实时采集和分析，进行高效排产和合理排班，显著提高设备利用率。因此，无论什么制造行业，制造执行系统（Manufacturing Execution System，MES）将成为企业的必然选择。

6. 智能工厂

一个工厂通常由多个车间组成，大型企业有多个工厂。作为智能工厂，不仅生产过程应实现自动化、透明化、可视化和精益化，同时，产品检测、质量检验和分析、生产物流也应与生产过程实现闭环集成。一个工厂的多个车间之间要实现信息共享、准时配送、协同作业。一些离散制造企业也建立了类似流程制造企业那样的生产指挥中心，对整个工厂进行指挥和调度，以及时发现和解决突发问题，这也是智能工厂的重要标志。智能工厂必须依赖无缝集成的信息系统支撑，主要包括产品生命周期管理（Product Lifecycle Management，PLM）、企业资源计划（Enterprise Resource Planning，ERP）、客户关系管理系统（Customer Relationship Management System，CRM）、供应商关系管理系统（Supply Chain Management System，SCM）和MES五大核心系统。大型企业的智能工厂需要应用ERP系统制定多个车间的生产计划（Production Planning，PP），并由MES根据各个车间的生产计划进行详细排产（Production Scheduling），MES排产的力度是天、小时，甚至分钟。

7. 数字化工厂

数字化工厂（Digital Factory，DF）是现代数字制造技术与计算机仿真技术相结合的产物，具有其鲜明的特征。它的出现给基础制造业注入了新的活力，主要作为沟通产品设计和产品制造之间的桥梁。数字化工厂是以产品全生命周期的相关数据为基础，在计算机虚拟环境中，对整个生产过程进行仿真、评估和优化，并进一步扩展到整个产品生命周期的新型生产组织方式。

8. 智能研发

离散制造企业在产品研发方面，已经应用了计算机辅助设计（Computer Aided Design，CAD）、计算机辅助制造（Computer Aided Manufacturing，CAM）、计算机辅助工程（Computer Aided Engineering，CAE）、计算机辅助工艺过程设计（Computer Aided Process Planning，CAPP）、电子设计自动化（Electronic Design Automation，EDA）等工具软件和产品数据管理（Product Data Management，PDM）、PLM系统，但是很多企业应用这些软件的水平并不高。企业要开发智能产品，需要机电多学科的协同配合；要缩短产品研发周期，需要深入应用仿真技术，建立虚拟数字化样机，实现多学科仿真，通过仿真减少实物试验；需要贯彻标准化、系列化、模块化的思想，以支持大批量客户定制或产品个性化定制；需要将仿真技术与试验管理结合起来，以提高仿真结果的置信度。流程制造企业已开始应用PLM系统实现工艺管理和配方管理，其中，实验室信息管理系统（Laboratory Information Management System，LIMS）应用比较广泛。

9. 智能管理

制造企业核心的运营管理系统还包括人力资产管理系统（Human Capital Management, HCM）、客户关系管理系统（CRM）、企业资产管理系统（Enterprise Asset Management, EAM）、能源管理系统（Energy Management System, EMS）、供应商关系管理系统（SRM）、企业门户（Enterprise Portal, EP）和业务流程管理系统（Business Process Management, BPM）等，国内企业也把办公自动化（Office Automation, OA）作为一个核心信息系统。为了统一管理企业的核心主数据，近年来主数据管理（Master Data Management, MDM）也在大型企业开始部署应用。实现智能管理和智能决策，最重要的条件是基础数据准确和主要信息系统无缝集成。

10. 智能物流与供应链

制造企业内部的采购、生产和销售流程都伴随着物料的流动，因此，越来越多的制造企业在重视生产自动化的同时，也越来越重视物流自动化，自动化立体仓库、无人引导小车（Automatic Guided Vehicle, AGV）和智能吊挂系统得到了广泛的应用。而在制造企业和物流企业的物流中心，智能分拣系统、堆垛机器人和自动辊道系统的应用也日趋普及。仓储管理系统（Warehouse Management System, WMS）和运输管理系统（Transport Management System, TMS）也受到制造企业和物流企业的普遍关注。

11. 智能决策

企业在运营过程中产生了大量的数据，主要是来自各个业务部门和业务系统产生的核心业务数据，比如合同、回款、费用、库存、现金、产品、客户、投资、设备、产量和交货期等数据。这些数据一般是结构化的数据，可以进行多维度的分析和预测，这就是商务智能（Business Intelligence, BI）技术的范畴，也被称为管理驾驶舱或决策支持系统。同时，企业可以应用这些数据提炼出企业的关键绩效指标（Key Performance Indicator, KPI），并与预设的目标进行对比，然后，对KPI进行层层分解，来对干部和员工进行考核，这就是企业绩效管理（Enterprise Performance Management, EPM）的范畴。从技术角度来看，内存计算是BI的重要支撑。

▶ 1.4 任务实施

1.4.1 智能制造行业调研方法

智能制造是近年来备受关注的概念，其基于现代信息技术、智能感知技术、自动控制技术等先进技术，致力于实现智能化、端到端全生命周期的生产。近年来，随着智能制造的快速发展，我们也看到越来越多的市场研究方法涌现出来。

1-2 任务实施

1. 实地观察法

实地观察法是指调查者在实地通过观察获得直接的、生动的感性认识和真实可靠的第一手资料。但该法所观察到的往往是事物的表面现象或外部联系，带有一定的偶然性，且受调查者主观因素影响较大，因此，不能进行大样本观察，需结合其他调查方法共同使用。

实地观察法通常适用于对那些不能够、不需要或不愿意进行语言交流的情况进行调查。

2. 访谈调查法

访谈调查法是比实地观察法更深一层次的调查方法，它能获得更多、更有价值的信息，适用于调查的问题比较深入、调查的对象差别较大、调查的样本较小或者调查的场所不易接近等情况。该法包括个别访谈法、集体访谈法和电话访谈法等。但由于访谈标准不一，其结果难以进行定量研究，且访谈过程耗时长、成本较高、隐秘性差、受周围环境影响大，故难以大规模进行。

3. 会议调查法

会议调查法是访谈调查法的扩展和延伸，因其简便易行，在调查研究工作中比较常用。这种方法通过邀请若干调查对象以座谈会形式来搜集资料、分析和研究社会问题。最突出的优点是工作效率高，可以较快地了解到比较详细、可靠的社会信息，节省人力和时间。但由于这种做法不能完全排除被调查者之间的社会心理因素影响，调查结论往往难以全面反映真实的客观情况。且受时间条件的限制，很难做深入细致的交谈，调查的结论和质量在很大程度上受调查者自身因素影响。

4. 问卷调查法

问卷调查法即间接的书面访问，该法最大的优点是能突破时空的限制，在广阔的范围内，对众多的调查对象同时进行调查，适用于对现时问题、较大样本、较短时期、相对简单等情况的调查，被调查对象应有一定的文字理解能力和表达能力，如对某地区农村党员教育培训情况的调查、中小学教师队伍科研现状的调查等。问卷调查法只能获得书面的社会信息，而不能了解到生动、具体的社会情况，因此该法不能代替实地考察，特别是对那些新事物、新情况、新问题的研究，应配合其他调查方法共同完成。

5. 专家调查法

专家调查法是一种预测方法，即以专家作为索取信息的对象，依靠其知识和经验，通过调查研究，对问题做出判断和评估。该法最大的优点是简便直观，特别适用于缺少信息资料和历史数据，而又较多地受到社会、政治、人为的因素影响的信息分析与预测课题。专家调查法广泛应用于对某一方案做出评价，或对若干个备选方案评出相对名次，选出最优者，对达到某一目标的条件、途径、手段及它们的相对重要程度做出估计等。

6. 抽样调查法

抽样调查法是指按照一定方式，从调查总体中抽取部分样本进行调查，并用所得结果说明总体情况。它最大的优点是节约人力、物力和财力，能在较短的时间内取得相对准确的调查结果，具有较强的时效性。当组织全面调查范围广、耗时长、难度大时，常采用抽样调查法进行检查和验证，比如开展全省党风廉政建设社会民意调查、流动党员现状社会调查等。该法的局限性在于抽样数目不足时会影响调查结果的准确性。

7. 典型调查法

典型调查法是指在特定范围内选出具有代表性的特定对象进行调查研究，借以认识同类事物的发展变化规律及本质的一种方法。在调查样本太大时，可以采用此种方法。但必须注意对象的选择，要准确地选择对总体情况比较了解、有代表性的对象。如某地级市开展对区县市农村党员致富情况的调查，应选取经济发展较快、农村党员致富能力较强的县市作为典型调查对象。

8. 文献调查法

文献调查法是指通过对文献的搜集和摘取，以获得关于调查对象信息的方法。该法适用于研究调查对象在一段时期内的发展变化，研究角度往往是探寻一种趋势，或弄清一个演变过程。这种方法能突破时空的限制，进行大范围的调查，调查资料便于汇总整理和分析，同时，还具有资料可靠、用较小的人力物力收到较好效果等优点。但它往往是一种先行的调查方法，一般只能作为调查的先导，而不能作为调查结论的现实依据。

以上介绍的只是经常被采用的八种方法。事实上，在调查研究工作中，调查者经常不拘泥于某种特定方法，而是相互交错、灵活运用这些方法。

1.4.2 编写智能制造行业调研报告表

调研报告表				
课　　程	智能工厂综合实训	项　　目	智能制造发展与应用状况分析	
班　　级		时　　间		
姓　　名		学　　号		
任　　务				
调查对象	×××新能源汽车工厂员工	调查方式	现场调研	
调研内容及要求	深圳×××新能源汽车智能制造领域的调研			
准备资料/工具	纸质版调查问卷			
调研时间	××年××月××日	调研地点	深圳	
调研人员	机电工程学院大二全体同学			
调研背景	20世纪60年代以来，随着人类对生存环境认识的不断深入和能源开发技术的发展，人类更是将能源的开发利用方向转向那些清洁燃料和可再生能源。随着经济发展和人民生活水平的提高，我国对石油的需求不断增加，导致我国经济社会发展与资源环境的矛盾不仅十分突出，而且将长期存在。要彻底解决这一矛盾，就要立足当前着眼长远，加快发展新能源			
调研过程	以问卷形式现场调研			
调研结果	该次调研对象为深圳×××新能源汽车智能制造公司，对公司100名不同岗位的员工进行问卷调查，其中大部分中高层表示公司准备一年内开始提高对智能制造的投入，同时中高层中的95%表示基于降本增效的原因推进智能制造，工程师中的98%表示基于技术革新的原因推进智能制造，100%的普通员工表示基于工伤防范的原因推进智能制造			
综合分析	通过集成化与智能化生产，提高企业效率。通过标准化与网络化生产，降低企业生产成本			
备　　注				

▶ 1.5 任务评价

任务评价表					
课程	智能工厂综合实训		项目	智能制造发展与应用状况分析	姓名	
班级			时间		学号	
序号	评测指标		评分	备注		
1	能够描述智能制造的应用领域（0–5分）					
2	能够描述智能制造的概念（0–5分）					
3	能够描述智能制造系统的构成要素（0–5分）					
4	能够描述智能制造核心技术及关键技术（0–5分）					
5	能够描述智能制造系统架构及标准体系（0–5分）					
6	能够描述智能制造内涵及核心价值（0–5分）					
7	能够对整个调研报告的全文进行高度概括（0–10分）					
8	能够正确围绕调查主题开展调研报告（0–10分）					
9	能够对调查的主题进行概括、提炼，完成调研报告的总结（0–10分）					
10	具备自我学习与分析问题的能力（0–10分）					
11	能够完成对调研报告的撰写（0–30分）					
	总计					
综合评价						

▶ 1.6 任务拓展

随着智能制造业技术的不断发展，工业机器人的应用行业越来越广，结合当下机器人的使用情况，完成一份工业机器人未来使用发展的市场调研报告，调研方式可以为问卷调查等。

科学人文素养

精益求精，是工匠精神的核心内涵。工匠精神是一种职业精神，它是职业道德、职业能力、职业品质的体现，是从业者的一种职业价值取向和行为表现。在对智能制造行业的发展和应用状况进行分析时，同样要秉承这一职业精神，要从实际需求出发，收集智能制造的相关资料，按照任务要求完成智能制造行业企业调查报告。

▶ 1.7 练习题

一、判断题

1. 机器智能是人类智慧的凝结、延伸和扩展，总体上已经超越人类的智慧。（　　）

2. 数字孪生(即数字克隆)是基于物理实体的系统描述，可以实现对跨越整个系统生命周期可信来源的数据、模型和信息进行创建、管理和应用。（　　）

3. 工业4.0的核心理念就是Digital Twin，即数字空间（也称为赛博空间、虚拟空间）与物理空间的深度融合。（　　）

4. 关键技术标准是智能制造系统架构智能特征维度在生命周期维度和系统层级维度所组成的制造平面的投影。（　　）

5. 设备层是指企业利用传感器、仪器仪表、机器、装置等，实现实际物理流程并感知和操控物理流程的层级。（　　）

二、单项选择题

1. 智能制造是制造技术发展的必然趋势，从理论上来讲，（　　）是智能制造的核心。

　　A．制造机器人　　　　　B．CPS
　　C．互联网　　　　　　　D．3D打印

2. 下面属于智能制造关键技术标准的是（　　）。

　　A．智能工厂　　　　　　B．智能家居
　　C．智能医疗　　　　　　D．智能科技

三、简答题

1. 什么是智能制造？能否给出具体的定义？智能制造的核心价值是什么？

2. 智能制造应用于哪些领域？至少列举出四个。

PROJECT 2 项目 ②

智能工厂的布局规划

▶ 2.1 项目描述

2.1.1 工作任务

数字孪生技术最重要的作用是以虚拟影响现实，以数据推动生产。在智能工厂规划建设初期，就应该以数字孪生为重要技术手段，对生产线进行布局规划。本项目主要的任务是通过对智能工厂布局的设计原则、规划步骤和常见方法的学习，了解智能装备、自动化生产线、智能生产线、数字化工厂和智能工厂的相关内容，并在仿真模型中规划出智能工厂的整体布局，最后完成智能工厂的整体布局规划书。图 2-1 所示为智能工厂的整体布局。

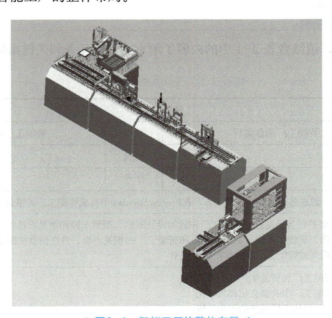

◆ 图 2-1 智能工厂的整体布局 ◆

2.1.2 任务要求

1．完成将智能工厂所需零件导入 Process Simulate 软件。

2．实施对立体仓库单元、前后盖单元、检测单元、钻孔单元、机器人装配单元以及输出单元的布局。

3．结合对智能工厂的实际应用与认知撰写智能工厂的整体布局规划书。

2.1.3 学习成果

在了解了自动化生产线、智能装备和数字化工厂的特点后，通过学习掌握智能工厂的含义、特征及层级结构，完成智能工厂的整体布局规划书。

2.1.4 学习目标（图2-2）

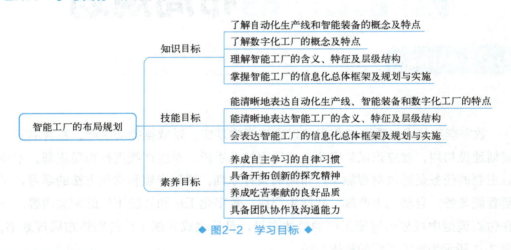

◆ 图2-2 学习目标 ◆

▶ 2.2 工作任务书

在工作过程中，请结合表 2-1 中的内容了解本项目的任务和关键指标。

表2-1 智能工厂布局规划任务书

任务书			
课程	智能工厂综合实训	项目	智能工厂的布局规划
姓名		班级	
时间		学号	
任务	通过将智能工厂模型导入，在Process Simulate中完成智能工厂的整体布局规划		
项目描述	本项目主要的任务是通过对智能工厂布局的设计原则、规划步骤和常见方法的学习，了解智能装备、自动化生产线、智能生产线、数字化工厂和智能工厂的相关内容，并在仿真模型中规划出智能工厂的整体布局，最后完成智能工厂的整体布局规划书		
关键指标	1．了解智能工厂和智能生产线的特点 2．了解智能工厂中的信息化和数字化 3．能够进行智能工厂系统的架构分析 4．完成智能工厂的规划内容与实施步骤		

2.3 知识准备

2.3.1 智能工厂

智能工厂是通过信息技术与制造业的深度融合,将工厂内的生产资源、生产要素、生产工艺、生产制造和管理等各环节高度协同,实现以订单为导向、以数据为驱动的自动化、智能化生产模式的现代工厂。智能工厂如图2-3所示。

2-1 知识准备

◆ 图2-3 智能工厂 ◆

智能工厂的特点如下:

1)设备互联:可以完成设备和设备之间的相互联接,借助和设备控制系统的联接,还有外部传感器等,使数据收集和监控系统能够及时收集设备当前的状态、生产完成的信息和质量信息,然后通过应用无线射频技术、条码等来实现对生产流程的追踪。

2)完全整合精益生产概念:充分展现产业工程和精益生产的概念,真正达到订单驱动、拉动式生产,最大限度地减少产品的库存,避免原材料的浪费。推动智能工厂建设要最大限度地融合产品和工艺的特点,处于研发阶段的时候也应该不遗余力地推进标准化、模块化和系列化,为推进精益生产打下坚实的基础。

3)实现灵活的自动化:结合企业产品以及生产的特征,不断提高生产、检查及工厂物流的自动化水平。产品品种相对比较少且批量生产多的企业能够完成高度自动化,甚至还可以设立黑灯工厂。批量小、品种多的企业就应该注意充分做到人机的结合,不能一味地推行自动化,要着重打造智能生产单元。工厂的自动化生产线及装配线必须设计冗余,以防止因为核心设备发生故障而停机。同时,要全面考虑怎样才能尽快优化模具,以便适应多种多样的混线生产。

4）注意环保绿色制造：及时收集设备和生产线消耗能源的情况，从而提高能源的利用率。在存在危险和污染的流程中，首先考虑用机器人取代人工，可以实现废物的回收和二次利用。

5）工业软件的广泛应用：广泛应用制造执行系统、高级生产日程安排、能源管理、质量管理等行业软件，使生产现场实现可视化及透明化。在建造新工厂的过程中，也可以借助数字工厂模拟软件模拟设备及生产线的布局、工厂物流和人机工程等，使工厂的结构真正合理化。在推动数字化时，工厂的数据安全以及设备自动化系统的安全一定要获得百分之百的保障。当通过专门的检查设备检测出有不合格产品时，不仅可以自动将不合格品与合格品进行区分，并且能够借助统计过程控制软件对产生质量问题的原因进行分析。

2.3.2 智能工厂布局设计原则

1. 流程优化

通过合理的工厂布局规划，可以最大限度地缩短从原材料到成品的物流时间和距离，提高生产流程的效率。优化物流流程有助于减少生产过程中的浪费和瓶颈，并降低产品生命周期的成本。

2. 空间利用率最大化

科学合理地利用工厂的空间，可以有效地提高生产线的容量和灵活性。合理的布局可以避免设备和材料之间的冲突，缩短运输时间和距离，实现生产线的紧凑化和高效化。

3. 安全保障

在设计生产线时，应考虑员工的安全和舒适度。合理设置工作区域，确保通道畅通，并配备必要的防护设施和紧急出口，以确保员工在紧急情况下的安全。

4. 环境友好

合理的生产线布局能够最大限度地减少资源的浪费和环境污染。通过优化物料流动路径和设备配置，降低能源消耗和废弃物产生，工厂可以实现可持续的生产方式，减少对环境的负面影响。

5. 通信协调

工厂布局设计应促进不同部门之间的良好沟通和合作。通过将相关团队放置在相邻位置，减少信息传递和沟通的障碍，有助于提高团队的协同效率，并迅速解决问题。

6. 灵活性与可扩展性

合理的布局应具备灵活性和可扩展性，以适应未来需求的变化。考虑到市场需求的变化和新技术的引入，工厂布局应尽可能容纳不同类型的生产线和设备，并方便进行改造和扩建。

2.3.3 智能工厂布局的一般步骤

1. 物料流路径

确定原材料、半成品和成品的运输路线，确保生产流畅且不会发生物料混淆或交叉。

2. 人员空间需求

确定每个工位所需的操作空间和安全距离，以确保员工的工作环境舒适、安全，并遵循相关的职业安全和健康法规。

3. 产品工艺流程

了解产品的生产过程，确定每个工序所需的机器设备、人员数量及生产要求。在此基础上，确定生产线的长度、宽度、高度和总体积等。

4. 安全和环保考虑

确保生产线的布局符合相关标准和法规，同时考虑工业安全和环保问题，例如电气安全、消防安全、噪声、振动和废水处理等。

5. 可持续性

考虑生产线的可持续性，包括能源使用效率、废料和废物的处理以及生产过程中的碳足迹等。

2.3.4 智能工厂布局常用方法

1. 直线布置法

直线布置法主要是以产品加工工序为研究对象布置，一般适合大规模生产，生产线对产品兼容性较强。人与机器不进行移位，而其物料通过流水线或移动平台做线性移动。

2. 程序布置法

程序布置法是根据产品加工工艺过程段进行布局设计的，将相同工段设备集中于一处，对于少批量多品种混线生产具有较大的弹性。这种布置法多用在工段独立的情况。

3. 固定布置法

固定布置法主要是以产品本身特性为对象进行布局。该法多用于体积大、重量大、不易移动的产品，将产品固定在一个相对固定的位置，而人员、零件、设备则集中于此进行施工，并且车间一般相对特殊，如飞机组装车间。

4. 综合布置法

考虑到产品特性及效率，通常车间布置不会仅采用一种方法，而是将上述三种方法综合应用，以便实现不同功能的互补。

2.3.5 智能装备

智能装备是指具有感知、分析、推理、决策、控制功能的制造装备，它是先进制造技术、信息技术和智能技术的集成和深度融合。智能装备如图 2-4 所示。

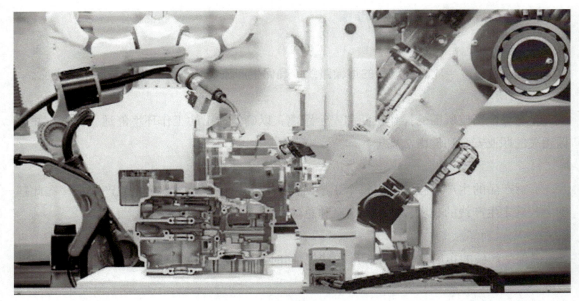

◆ 图2-4 智能装备 ◆

智能装备的特点如下：

1）灵活性：设备和装置制造商不再生产设计单一用途的设备，转而生产制造灵活的、多用途的设备，可以满足当今生产制造的需求。

2）自主运行：现代设备的运行比以往任何时候都更具有自主性。

3）诊断：预防及校正由原材料工况的改变、机械部件的磨损等原因造成的过程错误。利用大量的网络传感器，智能设备可以获得过程状态、设备状态和机器环境等方面的信息。

4）自适应改进：随着时间的推进，通过数据挖掘，借助仿真模型或者使用面向特定应用的学习算法，设备系统可以改善自身的运行性能。

5）通信：设备可以与其他自动化系统交换信息，为更高层的控制系统提供状态信息。这就使得智能装备能自动调节，以便适应不断变化的工况，在设备发生故障前通知维护人员。

2.3.6 自动化生产线

自动化生产线是指按照工艺过程，把一条生产线上的机器联结在一起，形成包括上料、下料、装卸和产品加工等全部工序都能自动控制、自动测量和自动连续的生产线。自动化生产线如图2-5所示。

自动化生产线的特点：加工对象自动地由一台机床传送到另一台机床，并由机床自动地进行加工、装卸、检验等；工人的任务仅是调整、监督和管理生产线，不参加直接操作；所有的机器设备都按统一的节拍运转，生产过程是高度连续的。

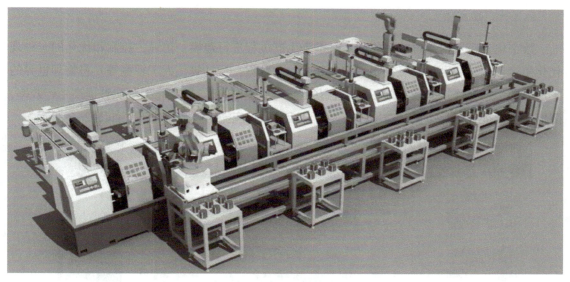

◆ 图2-5 自动化生产线 ◆

2.3.7 智能工厂生产线

智能（制造）生产是指利用智能制造技术实现产品生产过程的一种生产组织形式。智能制造包括智能制造技术和智能制造系统。智能制造系统不仅能够在实践中不断地充实知识库，还具有自学习功能，能够搜集与理解环境信息和自身的信息，并进行分析判断和规划自身行为。智能工厂生产线是指利用先进的信息技术、自动化技术以及人工智能技术等手段，实现生产过程的高度自动化、信息化和智能化的一种新型生产模式。这种生产线能够通过集成各类传感器、机器人、控制系统等设备，收集并处理大量的生产数据，从而优化生产流程、提高生产效率、降低成本，并且能够快速响应市场变化。智能工厂生产线如图2-6所示。

◆ 图2-6 智能工厂生产线 ◆

2.3.8 数字化工厂

数字化工厂是指通过数字化技术对整个生产过程进行建模、仿真、控制和优化的一种现代化生产模式。它利用信息技术（如物联网、大数据、云计算、人工智能等）将物理世界的工厂与虚拟世界连接起来，实现生产过程的全面数字化管理。数字化工厂能够提高生产效率、降低成本、提升产品质量，并增强企业的灵活性和响应能力。数字化工厂如图 2-7 所示。

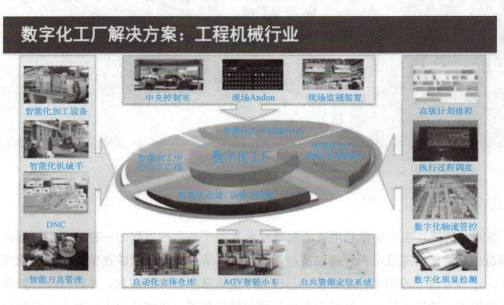

◆ 图2-7 数字化工厂 ◆

2.4 任务实施

2.4.1 智能工厂整体布局规划

智能生产线是智能工厂规划的核心环节，企业需要根据生产线要生产的产品、产能和生产节拍来合理规划智能生产线，根据知识准备确定智能工厂整体布局规划实施的步骤。

（1）确定智能生产线所需的工人数量

智能生产线的工作人数确定后，就可以计算智能生产线上所需的工人数量。做到合理配备工人数量，不会产生人员冗余。

2-2 任务实施

（2）选择合理的运输工具

运输工具一般指传送带，根据产品间隔长度以及实际情况，计算出传送带的速度和长度。

2-3 智能工厂整体布局规划

（3）智能生产线的平面设计

智能生产线的平面设计应保证零件的运输路线最短，生产工人操作方便，辅助服务部门工作便利，最有效地利用生产面积，并考虑智能生产线之间的相互衔接。智能生产线的位置涉及各条智能生产线间的相互关系，要根据加工部件装配所要求的顺序排列，整体布置要考虑物料流向问题，从而缩短路线，减少运输工作量。

（4）智能生产线三维模型的创建

按照生产线的平面设计图，画出环形智能生产线的三维模型，然后按照生产线的工艺流程进行排版布局。

（5）设备布置要求

气路布局和电路布局应尽量集中，力求布局路线最短、转弯最少且布置整齐。当设备沿墙布置时，应注意不要影响门窗的开启，不妨碍厂房的采光和通风。

（6）智能工厂工艺仿真验证

利用Process Simulate软件导入智能工厂三维模型。导入模型后，首先创建设备运动学、设备姿态，其次创建复合操作，最后创建对象流操作、设备操作和机器人通用操作来完成工艺流程仿真，验证智能工厂整体布局设计的合理性，提前发现问题并解决问题。

智能工厂工艺仿真验证的实施步骤如下：

1）将压缩文件daluan.rar放置到D盘ABOOK的文件夹中，找到压缩文件daluan.rar，右击"解压文件"，如图2-8所示。

◆ 图2-8 文件解压缩 ◆

2）打开软件后进入欢迎页面，在欢迎页面右下方单击"三点"更改系统根目录。

3）选择文件：D:\daluan。

4）单击以标准模式打开。

5）在弹出的窗口中选择D:\daluan文件，单击"打开"按钮，导入后的设备如图2-9所示。

◆ 图2-9 设备导入 ◆

6）选择"zhandian1"，单击"放置操控器"命令，参考坐标系选择工作坐标系，X方向移动3300，Y方向移动-5400，Rz方向旋转-50°，如图2-10所示。

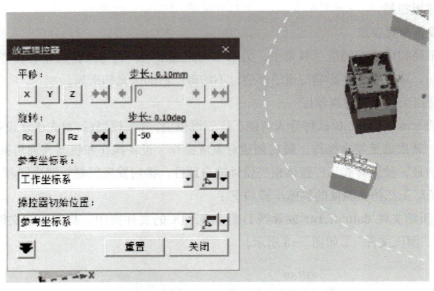

◆ 图2-10　移动zhandian1位置 ◆

7）选择"zhandian2"，单击"放置操控器"命令，参考坐标系选择工作坐标系，Y方向移动-2100，Rz方向旋转40°，如图2-11所示。

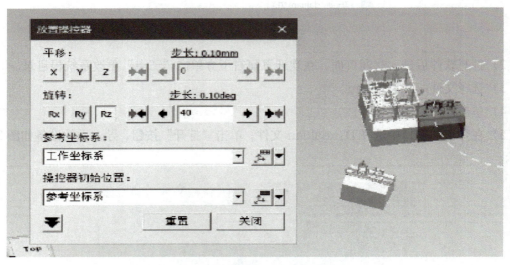

◆ 图2-11　移动zhandian2位置 ◆

8）选择"zhandian3"，单击"放置操控器"命令，参考坐标系选择工作坐标系，X方向移动-3770，Y方向移动2500，Rz方向旋转30°，如图2-12所示。

9）选择"zhandian4"，单击"放置操控器"命令，参考坐标系选择工作坐标系，X方向移动-2055，Y方向移动-1660，Rz方向旋转-50°，如图2-13所示。

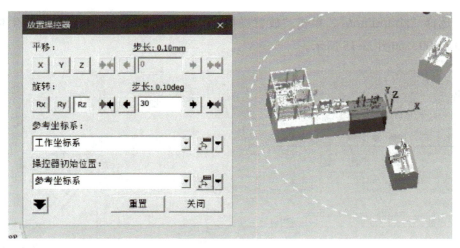

◆ 图2-12　移动zhandian3位置 ◆

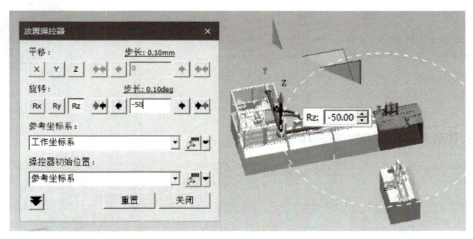

◆ 图2-13　移动zhandian4位置 ◆

10）选择"zhandian5"，单击"放置操控器"命令，参考坐标系选择工作坐标系，X方向移动 −4900，Rz方向旋转 35°，如图 2-14 所示。

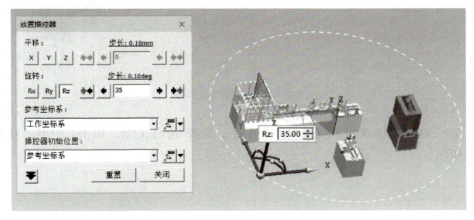

◆ 图2-14　移动zhandian5位置 ◆

11）选择"zhandian6"，单击"放置操控器"命令，参考坐标系选择工作坐标系，X方向移动2600，如图2-15所示。

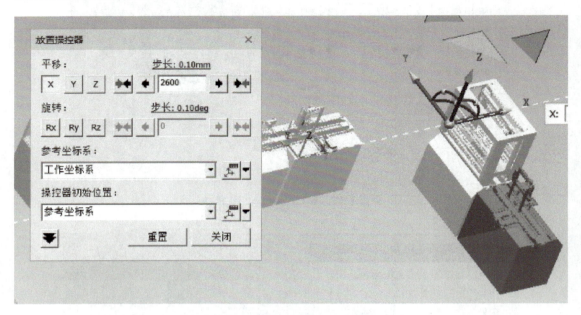

◆ 图2-15 移动zhandian6位置 ◆

12）移动完所有站后如图2-16所示。

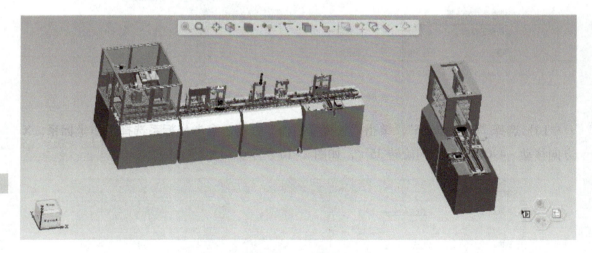

◆ 图2-16 六站完整图 ◆

13）在"建模"中找到"插入组件"命令，选择agv1.cojt，单击"打开"按钮，如图2-17所示。

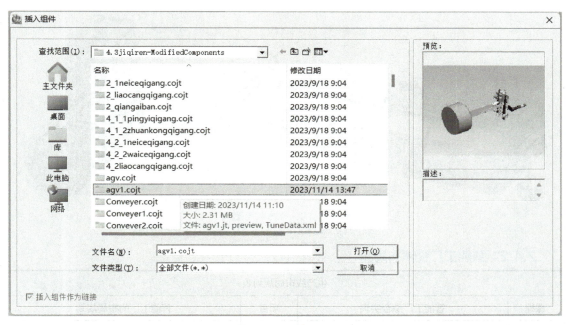

◆ 图2-17 导入agv ◆

14）单击"放置操控器"命令，调整参数"Ry=-90"、"Z=3700"、"Y=1450"，如图2-18所示。

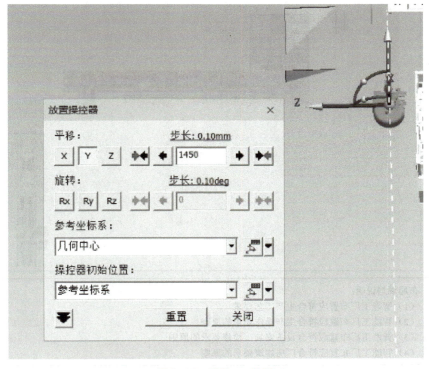

◆ 图2-18 调整agv位置 ◆

15）移动完成后整体布局图如图2-19所示。

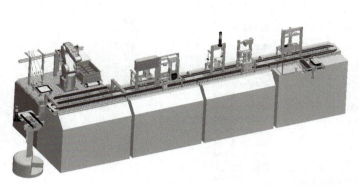

◆ 图2-19 整体布局图 ◆

2.4.2 智能工厂整体布局图

生产线布局规划表			
课程	智能工厂综合实训	项目	智能工厂的布局规划
班级		时间	
姓名		学号	
名称	内容		
模型载体			
布局原则	布局规划说明： （1）智能工厂布置应符合生产工艺要求 （2）智能工厂布置应符合生产操作要求的原则 （3）智能工厂布置应符合设备安装、检修要求的原则 （4）智能工厂布置应符合厂房建筑要求的原则		
预期成果	布局规划后的智能生产线能够满足客户的生产需求，空间位置合理，能够满足智能工厂布局的设计原则。最后，通过导入智能工厂的模型载体，在Process Simulate中完成智能工厂的布局规划		

▶ 2.5 任务评价

任务评价表					
课程	智能工厂综合实训		项目	智能工厂的布局规划	姓名
班级					时间		学号
序号	评测指标		评分	备注	
1	能够正确打开Process Simulate模型（0–5分）				
2	能够根据任务实施完成对立体仓库单元的布局（0–10分）				
3	能够根据任务实施完成对前盖单元的布局（0–10分）				
4	能够根据任务实施完成对检测单元的布局（0–10分）				
5	能够根据任务实施完成对钻孔单元的布局（0–10分）				
6	能够根据任务实施完成对机器人装配单元的布局（0–10分）				
7	能够根据任务实施完成对后盖单元的布局（0–10分）				
8	能够根据任务实施完成对压紧单元的布局（0–10分）				
9	能够根据任务实施完成对输出单元的布局（0–10分）				
10	能够将最终的布局模型保存为PSZX文件（0–5分）				
11	能够完成智能工厂的整体布局规划书的撰写（0–10分）				
总计					
综合评价					

▶ 2.6 任务拓展

通过对"智能工厂的布局规划"项目的学习，对智能装备、自动化生产线、智能生产线、数字化工厂和智能工厂有了深刻的认识。同时，掌握了生产线的布局规划设计思路，为其他生产线的布局规划设计提供新的解决方案。

下面可以按照智能工厂的布局规划设计思路，完成1+X高级数字化设计与仿真智能装配生产线的布局规划。1+X 高级数字化设计与仿真智能装配生产线的布局规划如图 2-20 所示。

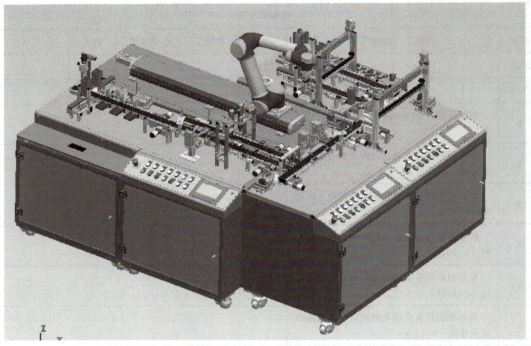

◆ 图2-20　1+X高级数字化设计与仿真智能装配生产线的布局规划 ◆

科学人文素养

　　实事求是，是马克思主义的根本观点。坚持一切从实际出发，是我们想问题、做决策、办事情的出发点和落脚点。在对智能工厂进行总体方案仿真时同样要遵守这一科学观点，要充分了解实际情况，从企业的功能及生产要求、生产线布置现场以及产品的工艺流程等实际出发对智能工厂进行工艺仿真，这是智能工厂总体方案设计的前提。

▶ 2.7　练习题

一、判断题

1．流水线就是自动化生产线。（　　）

2．自动化生产线也是流水线。（　　）

3．智能生产是指利用智能制造技术实现产品生产过程的一种生产组织形式。（　　）

4．生命周期、智能特征、系统层级都是智能制造系统架构的维度。（　　）

5．HMI面板能实现控制气缸伸出缩回、控制传送带启动停止、控制伺服左右移动等多种功能。（　　）

二、单项选择题

1. 智能生产线跟智能工厂都配备了（　　）。
   A．输出单元　　　　　　　　B．机床加工单元
   C．立体仓库单元　　　　　　D．视觉检测单元
2. 以下（　　）不属于制造企业全数字化生命周期迭代优化数字孪生。
   A．生产数字孪生　　　　　　B．设备数字孪生
   C．城市数字孪生　　　　　　D．产品数字孪生
3. 数字化工厂的建设阶段不包括（　　）。
   A．互联化　　　　　　　　　B．机械化
   C．数字化　　　　　　　　　D．智能化

三、简答题

1. 自动化生产线与智能工厂的区别有哪些？它们各有什么特点？
2. 智能装备的概念及特点是什么？

PROJECT 3
项目 ③

智能工厂的整体设计与规划

▶ 3.1 项目描述

3.1.1 工作任务

随着企业数字化与智能化建设的不断完善，由多种信息化手段共同作用形成的数字孪生解决方案已经逐渐成为智能工厂设计和建设的重要手段。本项目主要的任务是通过对智能工厂的设计原则、夹爪和气缸传感器的选型工作的学习，熟悉智能工厂的设计流程。首先，通过对生产工艺进行分析，完成生产线的布局及建模工作，利用虚拟仿真动画来验证生产工艺的合理性、准确性及可行性；然后下单采购设备，调试设备，做好维护与维修工作，完成智能工厂的整体设计与规划；最后撰写智能工厂的设计流程说明书。图3-1所示为智能工厂。

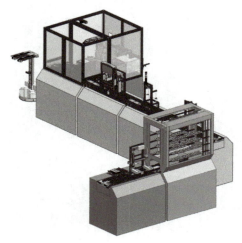

◆ 图3-1 智能工厂 ◆

3.1.2 任务要求

1．借助 Process Simulate 软件完成模型加载、设备分类、运动学创建以及姿态创建。
2．在 Process Simulate 软件中完成抓手姿态与搬运对象的尺寸测量。
3．在 Process Simulate 软件中确认机器人工作范围。
4．结合对智能工厂的实际应用与认知撰写智能工厂的设计流程说明书。

3.1.3 学习成果

在了解了智能工厂设计的影响因素、多站点信息流后，通过学习掌握智能工厂的关键技术、元器件的认知、工艺分析和实现方法后，完成智能工厂的整体设计与规划。

3.1.4 学习目标（图3-2）

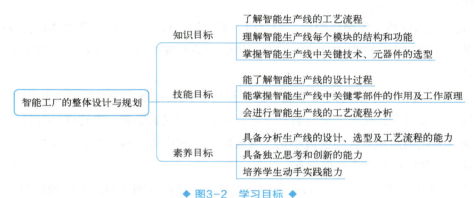

◆ 图3-2 学习目标 ◆

▶ 3.2 工作任务书

在工作过程中，请结合表 3-1 中的内容了解本项目的任务和关键指标。

表3-1 智能工厂的整体设计与规划任务书

任务书			
课程	智能工厂综合实训	项目	智能工厂的整体设计与规划
姓名		班级	
时间		学号	
任务	撰写智能工厂的设计说明书		
项目描述	本项目主要的任务是通过对智能工厂的设计原则、夹爪和气缸传感器的选型工作的学习，熟悉智能工厂的设计流程。首先，通过对生产工艺进行分析，完成生产线的布局及建模工作，利用虚拟仿真动画来验证生产工艺的合理性、准确性及可行性；然后下单采购设备，调试设备，做好维护与维修工作，完成智能工厂的整体设计与规划；最后撰写智能工厂的设计说明书		
关键指标	1．了解智能工厂的工艺与结构 2．每个工作站点的认知 3．关键元器件的选型 4．了解智能工厂的物料流、信息流		

3.3 知识准备

3.3.1 智能工厂的设计原则

3-1 知识准备

1）流程合理：使用价值流图来分析整个生产过程，识别增值和非增值活动。应用精益生产的理念，消除浪费、简化流程、提高效率。制定标准操作程序，确保每个步骤的一致性和可重复性。引入机器人、自动导引车（AGV）、自动化检测设备等减少人工操作。

2）布局合理：采用模块化设计，便于生产线的重新配置和扩展。合理安排设备和工作站的位置，减少不必要的空间浪费。利用多层货架、高架仓库等，充分利用垂直空间。使用可移动的工作台和设备，根据生产需求灵活调整布局。选择多功能设备，减少单一功能设备的数量，节省空间。

3）防护措施到位：安装防护栏、安全门、紧急停止按钮等，防止意外事故的发生。将人员与危险区域隔离，确保操作员的安全。提供充分的安全培训和支持，提高员工的安全意识和技能。

4）运行环境友好：采用高效节能的生产设备和照明系统。安装能源管理系统，实时监控和优化能源使用。使用环保材料和工艺，减少对环境的影响。推行循环经济理念，实现资源的最大化利用和废弃物的最小化。安装废气处理设备，减少有害气体排放。建立废水处理系统，确保排放符合环保标准。

5）生产节拍合理：智能生产线的节拍就是顺序生产两件相同制品之间的时间间隔，这可以表明智能生产线生产率的高低，是智能生产线最重要的工作参数。当生产线上加工的零件一小节拍只有几秒或几十秒时，零件就要采用成批运输，此时生产两批同样制品之间的时间间隔称为节奏。它等于节拍与运输批量的乘积。当智能生产线采取按批运输制品时，如果批量大，虽然可以简化运输工作，但智能生产线的制品占用量却要随之增大。

6）组织工序同期化：智能生产线的节拍确定以后，要根据节拍来调节工艺过程，使各道工序的时间与智能生产线的节拍相等或成整数倍比例关系，这个工作称为工序同期化。工序同期化是组织智能生产线的必要条件，也是提高设备负荷和劳动生产率、缩短生产周期的重要方法。

3.3.2 智能工厂设计的一般流程

随着工业化的发展，在企业生产中，自动化生产线成为必不可少的生产方式。一个有效的智能工厂设计方案可以提升生产率、减少成本、改善产品质量、提升安全性并减少对环境的影响。

智能工厂设计流程包括确定工厂布局、制定工艺流程、评估设备、选择设备和工具、开发控制程序、测试智能工厂和进行持续改善等工作。下面将介绍智能工厂设计的一般流程。

（1）确定工厂布局

智能工厂的布局应该使物料的传输和作业流程距离最小化，降低空间成本并提高物流效率。同样重要的是，该设计应优化员工的工作环境和人员流动性。通常需要多个预案的比较和考量，以最终选择最优的设计方案。

（2）制定工艺流程

工艺流程指的是制造者选择的制造方法和步骤。制定工艺流程是确保生产线顺利运行的重要环节，这通常包括制定物料加工方案、产品的设计和开发、优化装配方法，并确定产品检测的相关参数。

（3）评估设备

设备评估环节旨在识别生产线所需的机器、软件、硬件、工具和设备，并评估各种设备的优劣以及能否满足生产线的需求。

（4）选择设备和工具

根据设备评估结果，制造商应选择适合的智能工厂设备、工具和材料。选择的设备、工具和材料必须符合智能工厂的要求，尤其是保证传送带和机器之间的协调。高质量的设备、工具和材料可以提高生产率和产品质量。

（5）开发控制程序

控制程序是指员工工作和设备操作的计划。开发控制程序包括制定培训计划、设备操作控制和维护计划以及消防和紧急处理计划等。

（6）测试智能工厂

在实际运行前，应在试验性的智能工厂中测试所选择的设备、工具和工艺流程的性能和稳定性。在智能工厂启动和正式运行之前，必须进行完整的测试和采取质量保证措施。

（7）持续改进

当智能工厂正式生产运行后，生产线的运行和表现需要持续改进和优化。通过不断地收集数据并对生产流程进行分析，发现可能需要改进的方面，进一步提高生产线的效率、优化生产流程并优化生产结构体系。

3.3.3 夹爪的选型原则

夹爪的选型原则如下：

1）根据工件大小、形状、质量和使用目的，选择平行开闭型或支点开闭型。

2）根据工件大小、形状、外伸量、使用环境及使用目的，选择手指气缸（气爪）系列。

3）根据气爪夹持力大小、夹持点距离、外伸量及行程，选定气爪的尺寸，根据需求再进一步选定需要的可选项。

3.3.4 气缸的选型原则

（1）类型的选择

根据工作要求和条件，正确选择气缸的类型。要求气缸到达行程终端时无冲击现象和撞击噪声时，应选择缓冲气缸；要求重量轻时，应选择轻型缸；要求安装空间窄且行程短时，可选择薄型缸；有横向负载时，可选择带导杆气缸；要求制动精度高时，应选择锁紧气缸；

不允许活塞杆旋转时，可选择具有杆不回转功能的气缸；高温环境下需选用耐热缸；在有腐蚀环境下，需选用耐腐蚀气缸；在有灰尘等恶劣环境下，需要在活塞杆伸出端安装防尘罩；要求无污染时，需要选用无给油或无油润滑气缸等。

（2）安装形式

根据安装位置、使用目的等因素决定气缸安装形式。在一般情况下，采用固定式气缸。在需要随工作机构连续回转时（如车床、磨床等），应选用回转气缸；在要求活塞杆除直线运动外，还需做圆弧摆动时，则选用轴销式气缸；有特殊要求时，应选择相应的特殊气缸。

（3）作用力的大小

作用力大小的选择即缸径的选择。根据负载力的大小来确定气缸输出的推力和拉力。一般按照外载荷理论平衡条件计算所需气缸的作用力，根据不同速度选择不同的负载力，使气缸输出力稍有余量。缸径过小，输出力不够，但缸径过大，使设备笨重，成本提高，又增加耗气量，浪费能源。在设计夹具时，应尽量采用扩力机构，以减小气缸的外形尺寸。

（4）活塞的行程

活塞的行程与使用的场合和机构的行程有关，但一般不选满行程，以防止活塞和缸盖相碰。如用于夹紧机构等，应按计算所需的行程增加 10～20mm 的余量。

（5）活塞的运动速度

活塞的运动速度主要取决于气缸输入压缩空气流量、气缸进排气口大小及导管内径的大小。要求高速运动时应取大值。气缸运动速度一般为 50～800mm/s。对高速运动的气缸来说，应选择大内径的进气管道；对于负载有变化的情况，为了得到缓慢而平稳的运动速度，可选用带节流装置或气-液阻尼缸，则较易实现速度控制。但在选用节流阀控制气缸速度时需注意：当用水平安装的气缸推动负载时，推荐用排气节流调速；当用垂直安装的气缸举升负载时，推荐用进气节流调速；当要求行程末端运动平稳避免冲击时，应选用带缓冲装置的气缸。

3.3.5 传感器的选型原则

不同类型的传感器在原理和结构上有很大的不同。如何根据具体的测量目的、测量对象和测量环境合理选择传感器是测量一定量时首先要解决的问题。传感器确定后，可以确定匹配的测量方法和测量设备。测量结果的成败在很大程度上取决于传感器的合理选型。

（1）确定传感器的类型

要进行具体的测量工作，首先要考虑传感器的原理，并分析各种因素。因为，即使测量相同的物理量，也有多种传感器可供选择，哪种传感器更合适，需要考虑以下具体问题：测量范围大小、传感器体积要求、接触或非接触、信号引出方法、有线或无线测量；传感器来源、国产或进口、价格能否承受、是否自行开发。在考虑了上述问题之后，我们可以确定要选择的传感器类型，然后考虑传感器的具体性能指标。

（2）灵敏度的选择

通常，在传感器的线性范围内，我们希望传感器的灵敏度越高越好。因为只有当灵敏度高时，与测量参数相对应的输出信号值才相对较大，有利于信号处理。但需要注意的是，传感器灵敏度高，信号与测量无关的外部噪声容易混合，放大系统也会放大，影响测量精度。因此，传感器本身应具有较高的信噪比，以尽量减少从外部引入的干扰信号。传感器的灵敏度是有方向性的。当测量单向量，方向要求较高时，应选择其他方向灵敏度较小的传感器；如果测量多维向量，则传感器的交叉灵敏度越小越好。

（3）频率响应特性

传感器的频率响应特性决定了测量的频率范围，必须在允许的频率范围内保持不失真。事实上，传感器的响应总是有固定的延迟，我们希望延迟时间越短越好。传感器的频率响应越高，能够准确测量的信号频率范围就越宽。在动态测量中，应选择合适的传感器以匹配信号特性（稳态、瞬态、随机等），以免产生过大的误差。

（4）线性范围的选择

传感器的线性范围是指输出与输入成正比的范围。理论上，在这个范围内，灵敏度是固定的。传感器的线性范围越宽，测量范围就越大，并能保证一定的测量精度。在选择传感器时，传感器的类型首先取决于测量范围是否符合要求。但事实上，任何传感器都不能保证绝对的线性，其线性也是相对的。当测量精度相对较低时，非线性误差较小的传感器可以在一定范围内近似视为线性，这将给测量带来极大的便利。

（5）稳定性的选择

传感器在使用一段时间后，其性能保持不变的能力称为稳定性。除了传感器本身的结构，影响传感器长期稳定性的因素主要是传感器的使用环境。因此，为了使传感器具有良好的稳定性，传感器必须具有很强的环境适应性。在选择传感器之前，应调查其使用环境，并根据具体使用环境选择合适的传感器，或采取适当措施减少环境的影响。传感器的稳定性有定量指标，使用前应重新校准，以确认传感器的性能是否发生变化。在一些要求传感器长期使用、不易更换或校准的情况下，所选传感器的稳定性要求更严格，要能够经受住长期的考验。

（6）精度的选择

精度是传感器的重要性能指标，是决定整个测量系统测量精度的重要环节。传感器的精度越高，价格就越贵。因此，只要传感器的精度满足整个测量系统的精度要求，就不必选择太高的精度。这样，就可以选择更便宜和简单的传感器来达到相同的测量目的。如果测量目的是定性分析，可以选择重复精度高的传感器，不宜选择绝对精度高的传感器；如果是定量分析，必须获得准确的测量值，则需要选择能够满足精度等级要求的传感器。在某些特殊使用场合，如果不能选择合适的传感器，则需要自行设计和制造传感器，自制传感器的性能应满足使用要求。

3-2 任务实施

▶ 3.4 任务实施

本项目主要以智能工厂为例进行生产线的整体设计与规划。

3.4.1 客户需求与生产工艺分析

生产线的设计规程需要根据客户的需求来制定,智能工厂计划实施手机的组装并最终完成手机的生产,且要求智能工厂能够达到自动、稳定、高效的生产。

手机的生产主要包括装配、盖板的夹取与放置以及运输工作。这需要一个集装配、检测、运输于一体的综合智能生产线。同时,需要考虑生产的规模、装配顺序和环境条件等影响因素。

3.4.2 智能工厂的布局及三维建模

1. 智能工厂的布局

对于生产线的布局,在满足生产工艺流程要求的前提下,应使物料的传输和作业流程距离最小化,降低空间成本并提高物流效率。同时,该设计应优化员工的工作环境和人员流动性。对于该智能工厂的布局来说,为了减少运输路程、降低空间成本,采用环形生产线的运输方式。其次考虑运输方式和载具问题。对于运输方式,一般都采用传送带来运输物料。为了达到工艺需求,选择小车装载托盘,运送物料。智能工厂的布局如图3-3所示。

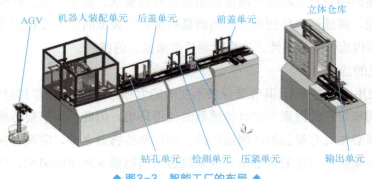

◆ 图3-3 智能工厂的布局 ◆

由于物料的特殊性,需在运输小车上方放置托盘实现物料的运输,为了保证托盘的供应,第一个工作站应该是立体仓库单元,用于存放托盘。托盘问题解决后,需进行前盖板的放置,用于进行PCB和保险等配件的组装,因此第二个工作站为前盖单元。因为要考虑怎样检测前盖板是否稳定落到小车上,放置位置是否正确,所以第三个工作站应是检测单元,检测前盖的有无及位置。根据生产工艺流程,手机的前盖板和后盖板要装配在一起,那么就需要钻孔的工艺,因此,第四个工作站为钻孔单元。钻孔结束后,需要进行PCB和保险的组装,需要机器人将这些配件放置到前盖板中完成PCB和保险的组装,因此第五个工作站为机器人装配单元。完成配件的组装后,需要将后盖板放置在前盖板的上面,因此,第六个工作站为后盖单元,用于存放后盖板。前、后盖板装配在一起后,需要将前、后盖板进行压紧,因此,第七个工作站应为压紧单元。这时,手机前、后盖板的装配工作已经完成。由于手机壳形状类似于长方体,为了能够稳定取放,选择用夹爪夹取手机壳,完成物料的分拣,因此,第八个工作站为输出单元。

2. 智能工厂的三维建模

根据前面的生产工艺流程分析和智能工厂布局设计,列举出所需的零件和部件,在

NX 软件中进行建模设计。下面以夹爪为例进行三维建模及装配工作。

（1）零件的三维建模

在 NX 软件中画出夹爪各个零件的平面图，然后通过拉伸、旋转、切除等命令，将平面图转换成三维图。

（2）零部件的装配

按照装配顺序将夹爪的各个零部件装配在一起。夹爪的装配图如图 3-4 所示。

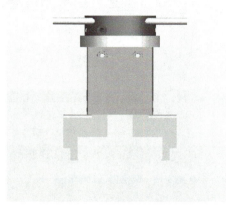

◆ 图3-4　夹爪装配图 ◆

按照智能工厂的布局设计，完成所有工作站的装配工作。

3-3　设备分类

3.4.3　智能工厂的虚拟仿真验证

1. 设备分类

根据机器人装配单元的工艺要求和机械结构，将其分为如下几部分，如图 3-5 所示。

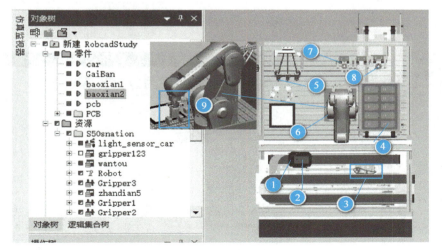

◆ 图3-5　设备分类 ◆

①运输小车（car）②前盖板（GaiBan）③阻挡器（wantou）④ PCB（pcb）⑤保险（baoxian1/baoxian2）⑥机器人（Robot）⑦吸盘（Gripper3）⑧小抓手（Gripper1）⑨大抓手（Gripper2）

2. 运动学创建

（1）阻挡器、吸盘、小抓手和大抓手的运动学创建

根据工艺要求得知，需将阻挡器、吸盘、小抓手和大抓手进行运动学创建，创建步骤为：选中目标对象→建模→运动学编辑器→单击"创建连杆"创建不同的lnk，如图3-6～图3-9所示。

3-4 运动学创建

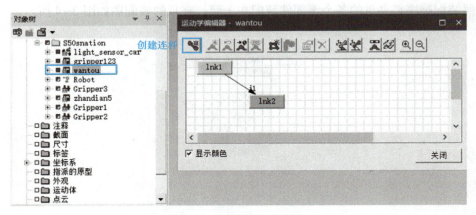

◆ 图3-6 阻挡器运动学创建 ◆

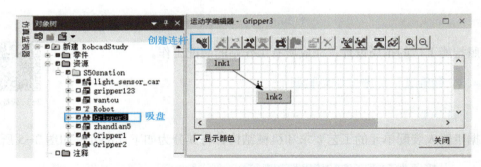

◆ 图3-7 吸盘运动学创建 ◆

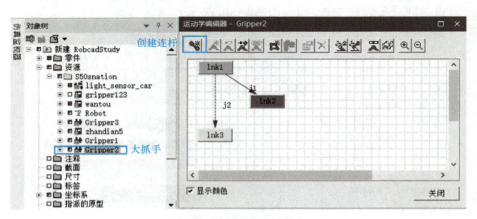

◆ 图3-8 大抓手运动学创建 ◆

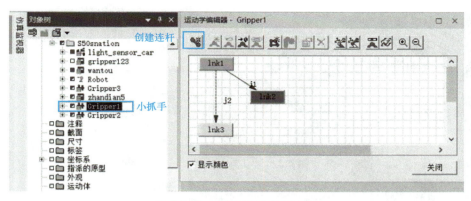

◆ 图3-9 小抓手运动学创建 ◆

（2）机器人运动学创建

1）在"建模"中找到"运动学编辑器"命令，单击"创建连杆"，如图 3-10 所示。

2）在"运动学编辑器"中依次创建 7 个连杆，如图 3-11 所示。

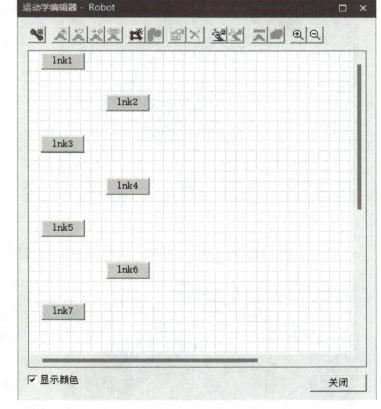

◆ 图3-10 创建连杆 ◆　　　　　◆ 图3-11 创建7个连杆 ◆

3）双击"lnk1"，选择下面的底座，如图 3-12 所示。

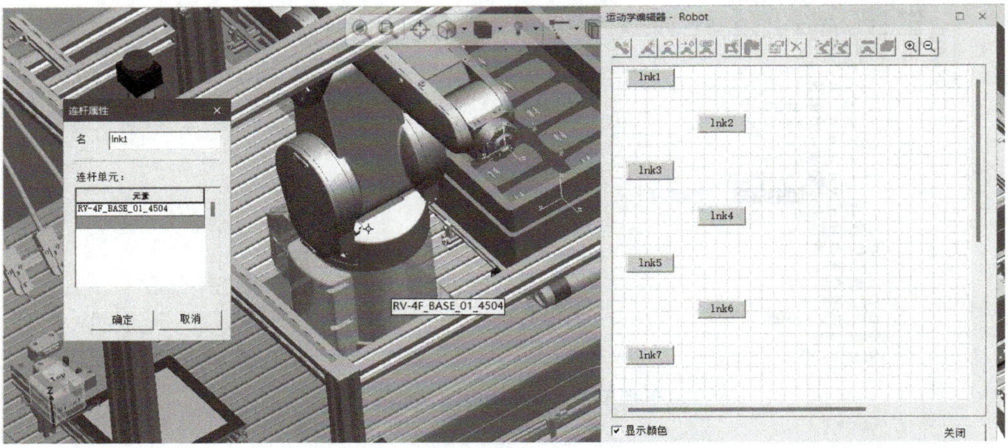

◆ 图3-12 创建底座 ◆

4)双击"lnk2"选择底座上方的关节,然后单击"确定"按钮,如图3-13所示。

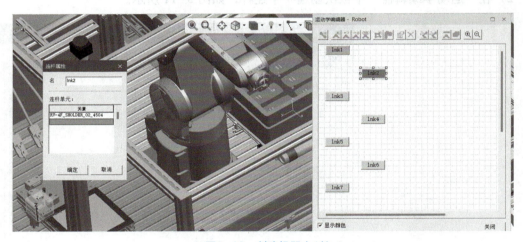

◆ 图3-13 创建机器人1轴 ◆

5)依据上述步骤按照如图3-14所示依次选择机器人剩余关节。

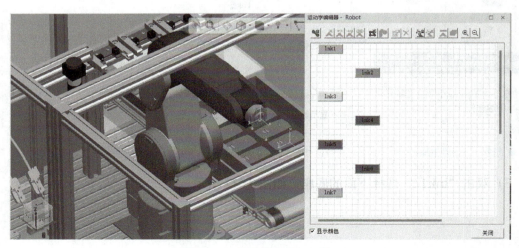

◆ 图3-14 创建机器人2~6轴 ◆

6）创建关节坐标，将lnk2隐藏后，利用"建模"中"创建坐标系"命令通过6个值创建坐标系，鼠标放在底座圆上，鼠标会自动吸附坐标原点，然后单击"确定"按钮，会生成一个名为fr1的坐标系，如图3-15所示。

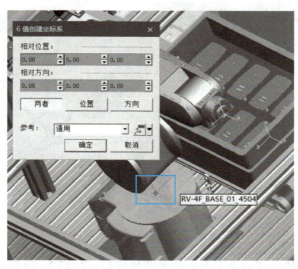

◆ 图3-15 创建关节坐标系 ◆

7）将创建好的fr1坐标系在对象树中通过鼠标拖动到lnk1中，并且在lnk1中复制一个，如图3-16所示。

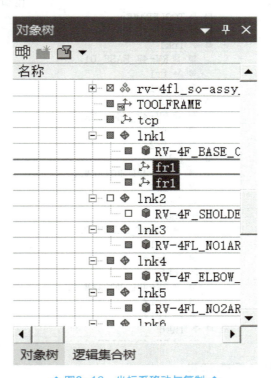

◆ 图3-16 坐标系移动与复制 ◆

8）将两个 fr1 坐标系的其中任意一个沿 Z 轴方向移动 –60，如图 3–17 所示。

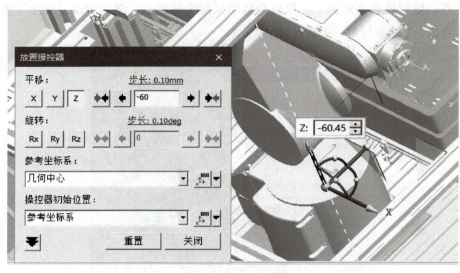

◆ 图3-17 坐标系移动 ◆

9）按照上述方法依次建立余下 lnk 的关节坐标系，如图 3–18 所示。

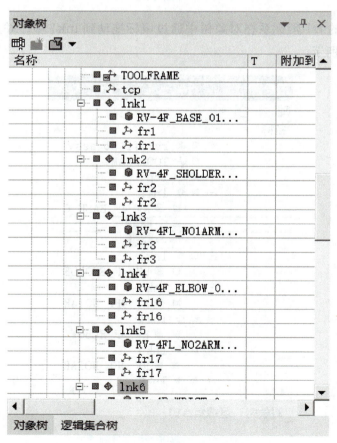

◆ 图3-18 创建坐标系 ◆

10)鼠标放在 lnk1 上按住并拖动到 lnk2 中,松开鼠标会弹出"关节属性"对话框,在对话框中坐标分别选择 lnk1 中刚才创建的两个坐标系,如图 3-19 所示。

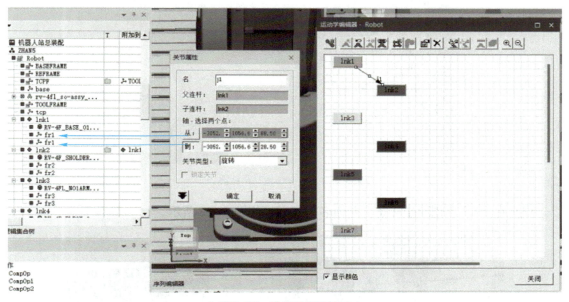

◆ 图3-19 选择目标坐标系 ◆

11)按照上述方法依次创建剩余 lnk 的关节属性,如图 3-20 所示。

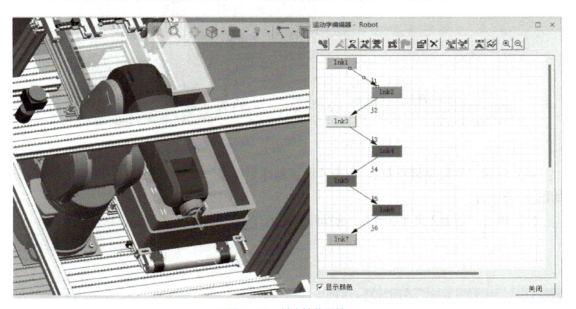

◆ 图3-20 创建关节属性 ◆

12)在橘黄色底座下创建坐标系,通过测量底座上表面到下表面的距离,将坐标系移动到下表面,如图 3-21 所示沿 Z 轴方向移动 -193.5,并将坐标系命名为 base。

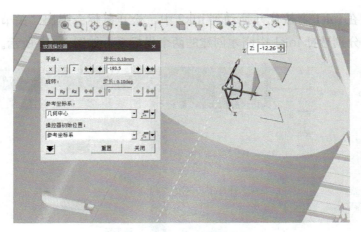

◆ 图3-21 base坐标系创建 ◆

13）在lnk7上创建坐标系，并命名为TCP，如图3-22所示。

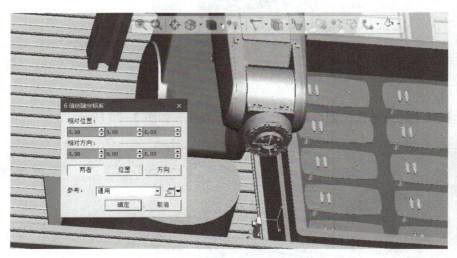

◆ 图3-22 创建TCP坐标系 ◆

14）返回"运动学编辑器"，单击"设置基准坐标系"，选择刚创建好的base坐标系，如图3-23所示。

15）单击"创建工具坐标系"，选择刚创建的TCP坐标系，如图3-24所示。

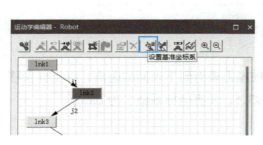

◆ 图3-23 创建基准坐标系 ◆

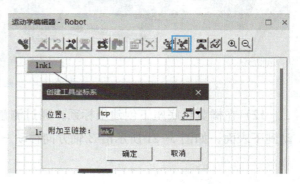

◆ 图3-24 设置工具坐标系 ◆

3. 姿态创建

完成设备运动学创建后需完成设备姿态的创建，从而完成对设备动作的验证。在机器人装配单元中需要创建姿态的设备有阻挡器、小抓手和大抓手等，创建步骤为：选中目标对象→建模→姿态编辑器→根据工艺流程创建设备姿态。阻挡器需创建两个动作，一个动作是回原位置（HOME），另一个动作是伸出（shenchu），创建结果如图3-25所示。小抓手和大抓手都需创建两个动作，一个动作为夹紧（jiajin），另一个动作为打开（dakai），创建结果如图3-26、图3-27所示。

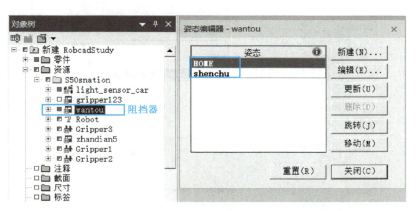

◆ 图3-25　阻挡器姿态创建 ◆

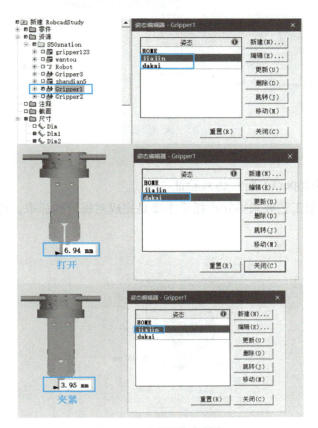

◆ 图3-26　小抓手姿态创建 ◆

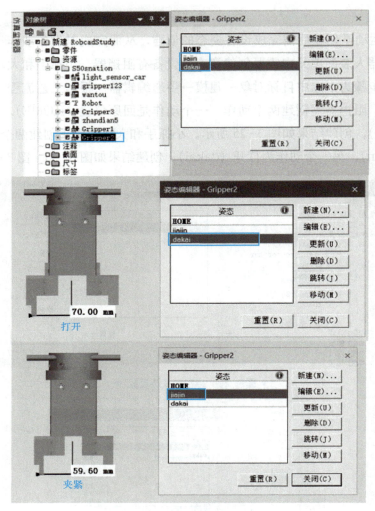

◆ 图3-27 大抓手姿态创建 ◆

4．仿真验证

（1）小抓手（Gripper1）行程仿真验证

1）智能工厂根据工艺要求得知小抓手主要是完成对保险的抓取，保险的尺寸是确定的，如图 3-28 所示。

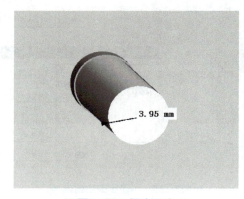

◆ 图3-28 保险尺寸 ◆

2)前面得知小抓手的打开跟夹紧尺寸,如图 3-29 所示。

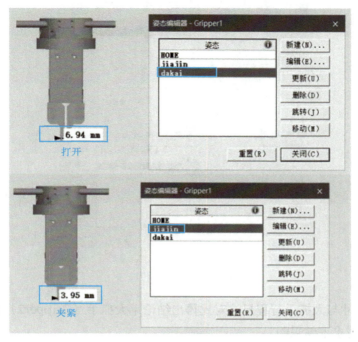

◆ 图3-29 小抓手行程 ◆

3)将保险尺寸与小抓手行程尺寸对比得出结论:小抓手(Gripper1)行程是符合抓取要求的,可根据需求下单采购。

(2)大抓手(Gripper2)行程仿真验证

1)智能工厂根据工艺要求得知大抓手主要是完成对前盖的抓取,前盖的尺寸是确定的,如图 3-30 所示。

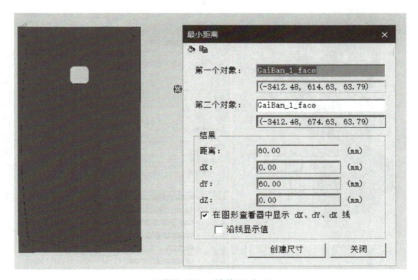

◆ 图3-30 前盖尺寸 ◆

2)前面得知大抓手的打开跟夹紧尺寸,如图 3-31 所示。

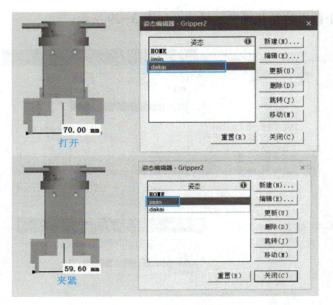

◆ 图3-31 大抓手行程 ◆

3）将前盖尺寸与大抓手行程尺寸对比得出结论：大抓手（Gripper2）行程是符合抓取要求的，可根据需求下单采购。

5. 机器人行程仿真验证

智能工厂中根据工艺要求得知机器人主要是完成对PCB、前盖和保险的抓取。要完成对PCB、前盖和保险的抓取首先要验证机器人的轨迹是否可到达，根据前面机器人的创建得知其工作范围如图3-32所示。

3-6 机器人行程仿真

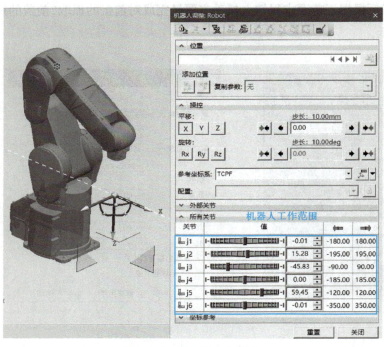

◆ 图3-32 机器人工作范围 ◆

1）机器人抓取前盖的位置数据。经过读取图 3-33 所示机器人抓取前盖的实时位置数据得知六个轴的位置数据都在其工作允许范围内，因此机器人是可到达的。

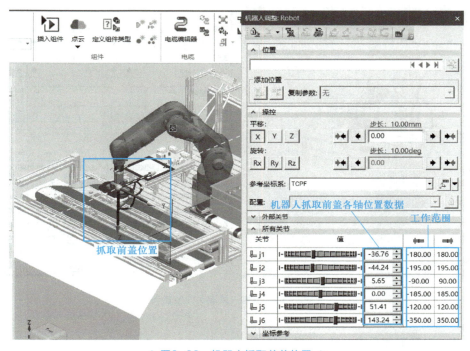

◆ 图3-33　机器人抓取前盖位置 ◆

2）机器人抓取 PCB 位置数据。经过读取图 3-34 所示机器人抓取 PCB 的实时位置数据得知六个轴的位置数据都在其工作允许范围内，因此机器人是可到达的。

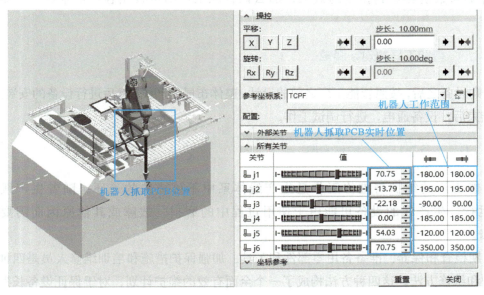

◆ 图3-34　机器人抓取PCB位置 ◆

3）机器人抓取保险位置数据。经过读取图3-35所示机器人抓取保险的实时位置数据得知六个轴的位置数据都在其工作允许范围内，因此机器人是可到达的。

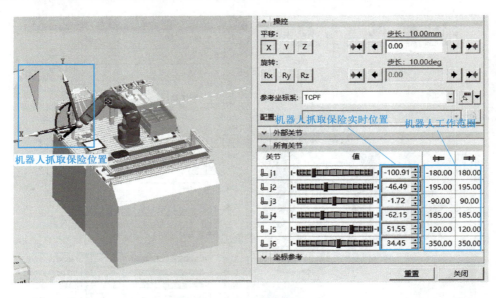

◆ 图3-35 机器人抓取保险位置 ◆

3.4.4 按需下单采购设备

根据智能工厂Process Simulate模型的虚拟调试情况，若调试模型仿真的工艺流程正确，同时智能工厂足够稳定，且机器人、气缸、传感器、夹爪和伺服装置等关键元器件的参数能够达到预期的效果，那么该智能工厂即可按照客户需求进行下单，采购生产。

3.4.5 智能工厂的现场调试

采购设备之后，按照智能工厂之前的设计，整体布局生产线，然后进行设备的安装工作。安装结束后，设备通电，进行调试工作。

3.4.6 智能工厂的维护与维修

智能工厂的维护与维修工作是生产线体系中不可或缺的一环。随着生产线的长时间运行，生产线的设备可能由于使用过程中的磨损、故障或其他原因而需要维护和维修。

定期检查和保养、准备备用零部件和工具、加强保护措施和培训维修人员是四种常见的维护和维修方法。这四种方法构成了一个全面有效的维护计划，对于保证设备长期稳定运行至关重要。

3.4.7 智能工厂的设计说明书

智能工厂的设计说明书			
课程	智能工厂综合实训	项目	智能工厂的整体设计与规划
班级		时间	
姓名		学号	
名称	内容		
智能工厂图片			
设计目标	通过前面知识准备的学习，初步掌握了智能工厂设计的基本知识和设计方法，为智能工厂的整体设计打下了必要的基础。通过认真实施，更好地了解并掌握智能工厂设计的思路，为以后类似的智能工厂设计提供新的解决方案		
设计要求	要遵循智能工厂设计的系统性原则、稳定性原则、灵活性原则和标准化原则。智能工厂是一个有机整体，各个工作站之间应紧密协调，以达到利益最大化；智能工厂应该具有稳定性和可靠性，以保证产品的质量；同时，智能工厂应该具有一定的灵活性和适应性，能够适应市场需求变化和产品结构调整的需要；同时，智能工厂应该根据产品的特点制定标准化流程，并严格执行		
预期成果	设计的智能工厂能够满足客户的需求，能够按照预期的工艺流程运行，并且智能工厂的布局合理，不会出现货物的"堵车"和"空巷"现象，同时还要确保设计的智能工厂生产线具有极高的稳定性，保障产品高效的生产		

▶ 3.5 任务评价

任务评价表

课程	智能工厂综合实训	项目	智能工厂的整体设计与规划	姓名	
班级		时间		学号	

序号	评测指标	评分	备注
1	能够正确打开Process Simulate软件和模型（0-5分）		
2	能够在Process Simulate软件中完成对设备的分类（0-5分）		
3	能够在Process Simulate软件中完成设备运动学的创建（0-5分）		
4	能够在Process Simulate软件中完成设备姿态的创建（0-5分）		
5	能够在Process Simulate软件中完成对抓手姿态的测量（0-10分）		
6	能够在Process Simulate软件中完成对机器人工作范围的确认（0-10分）		
7	能够完成机器人抓取PCB姿态的确认（0-10分）		
8	能够完成机器人抓取保险姿态的确认（0-10分）		
9	能够完成机器人抓取前盖姿态的确认（0-10分）		
10	能够根据仿真验证确定需采购的设备（0-10分）		
11	能够完成智能工厂的设计流程说明书的撰写（0-20分）		
	总计		
综合评价			

▶ 3.6 任务拓展

通过对"智能工厂的整体设计与规划"项目的学习，对智能装备、自动化生产线、智能生产线、数字化工厂和智能工厂有了深刻的认识。同时，掌握了智能工厂的整体设计与规划思路，可以为其他智能工厂的整体设计与规划提供新的解决方案和思路。

下面可以按照智能工厂的整体设计与规划思路，完成SGAVE智能生产线的整体设计与规划。SGAVE智能生产线如图3-36所示。

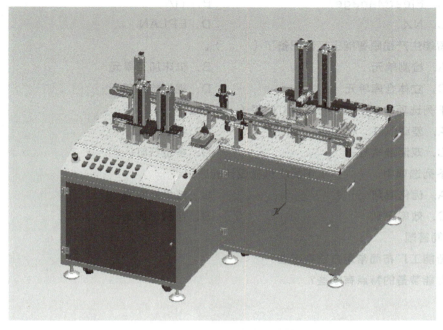

◆ 图3-36　SGAVE智能生产线 ◆

科学人文素养

吃苦耐劳，是中华民族的传统美德，也是年轻人应该具备的优良品质。作为新一代年轻人，不仅要把这种优良品质牢记在心，而且更要将其落实到自己工作中。在对智能工厂进行整体设计与规划时同样要坚守这一美德，要充分了解实际情况，从企业的功能及生产要求、生产线布置现场以及产品的工艺流程等实际出发完成对智能工厂的设计流程说明书的编写。

▶ 3.7　练习题

一、判断题

1．AGV与PLC可以无线通信，完成任务。（　　）
2．光电传感器在检测到物体时，其在PLC中的信号值一定为True。（　　）
3．智能工厂在任何模式下都能执行MES4软件的订单。（　　）
4．FESTO气缸型号为DSNU-S-8-25-P-A，它的行程是25mm。（　　）
5．MES4软件中，Quality Management用于查看不同工作站和完成订单的效率报告。（　　）

二、单项选择题

1. 以下（　　）软件主要用于PLC的组态编程。
   A. FleetManager　　　　　　B. TIA
   C. NX　　　　　　　　　　　D. EPLAN

2. 智能生产线跟智能工厂都配备了（　　）。
   A. 检测单元　　　　　　　　B. 机床加工单元
   C. 立体仓库单元　　　　　　D. 视觉检测单元

3. 下列选项中，不属于特殊气缸的是（　　）。
   A. 差动气缸　　　　　　　　B. 增压气缸
   C. 双活塞气缸　　　　　　　D. 多位气缸

4. 下列选项中，（　　）不属于机械设计的原则。
   A. 优化原则　　　　　　　　B. 技术性原则
   C. 效率原则　　　　　　　　D. 可持续原则

三、简答题

1. 智能工厂布局常用方法有哪些？
2. 智能装备的特点有哪些？

PROJECT 4 项目 ④

智能工厂的认知

▶ 4.1 项目描述

4.1.1 工作任务

智能工厂是实现智能制造的重要载体，主要通过构建智能化生产系统、网络化分布生产设施，实现生产过程的智能化。本项目通过了解智能工厂的功能和工艺流程，掌握智能工厂的结构、关键技术、主要元器件、生产线的物料流和信息流等相关知识，撰写智能工厂的产线说明书。如图 4-1 所示为智能工厂。

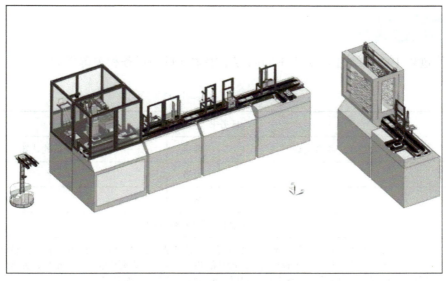

◆ 图4-1 智能工厂 ◆

4.1.2 任务要求

1. 完成对智能工厂物料流和信息流的分析。

2. 通过对物料流的分析阐述机器人装配单元中机器人的作用。
3. 通过对物料流的分析阐述立体仓库单元中伺服驱动器的作用。
4. 通过对信息流分析阐述 MES 技术与 RFID 技术在各工作单元中的作用。
5. 结合对智能工厂的实际应用与认知撰写智能工厂的产线说明书。

4.1.3 学习成果

在了解了智能工厂的结构和每个部分的功能后，通过学习掌握智能工厂中的关键传感器、气缸等电气元件，完成智能工厂的物料流和信息流的制作。

4.1.4 学习目标（图4-2）

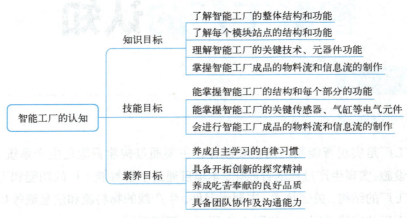

◆ 图4-2 学习目标 ◆

▶ 4.2 工作任务书

在工作过程中，请结合表 4-1 中的内容了解本项目的任务和关键指标。

表4-1 智能工厂的认知任务书

任务书			
课程	智能工厂综合实训	项目	智能工厂的认知
姓名		班级	
时间		学号	
任务	撰写智能工厂生产线说明书		
项目描述	智能工厂是实现智能制造的重要载体，主要通过构建智能化生产系统、网络化分布生产设施，实现生产过程的智能化。本项目通过了解智能工厂的功能和工艺流程，掌握智能工厂的结构、关键技术、主要元器件、生产线的物料流和信息流等相关知识，撰写智能工厂产线说明书		
关键指标	1. 了解整条智能产线的结构和功能 2. 每个模块的认知 3. 关键技术、关键元器件认知 4. 了解产线的物料流、信息流		

▶ 4.3 知识准备

4.3.1 智能工厂整体认知

智能工厂由仓库端、生产端和 AGV 三个部分组成，如图 4-3 所示。

4-1 知识准备

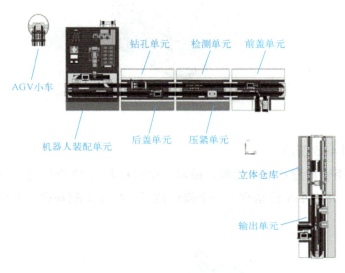

◆ 图4-3 智能工厂组成 ◆

仓库端有多个直流传送带和一个分流传送带，在传送带上部署一个立体仓库和一个输出单元；生产端有多个直流传送带和一个分流传送带，在传送带上部署一个前盖单元、一个检测单元、一个钻孔单元、一个机器人装配单元、一个后盖单元和一个压紧单元。

智能工厂的功能是根据 MES 系统下发的订单完成生产，按需求依次装配前盖、PCB、保险和后盖。

4.3.2 智能工厂的结构认知

1. 机器人装配单元

机器人装配单元如图 4-4 所示。

1）机器人装配单元的机器人型号是三菱机器人 RV-2SDB。

2）机器人装配单元的工作是装配工件。机器人将 PCB 安装到前盖中，并放置保险。

3）机器人装配单元有三条输送带。靠近机器人的两条输送带沿相同方向向上运行，输送小车进入机器人装配单元。第三条输送带与前两条输送带的运行方向相反，输送小车离开机器人装配单元。

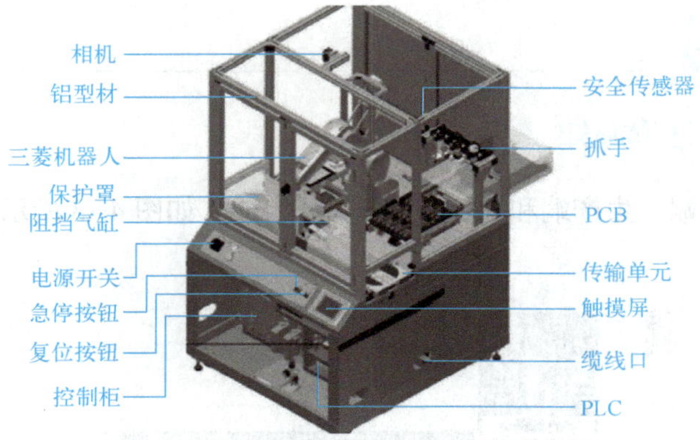

◆ 图4-4　机器人装配单元 ◆

2. 立体仓库单元

立体仓库如图 4-5 所示。

1）立体仓库用于放置和回收托盘。最多可存储和取出 32 个托盘。两条输送带同时在不同方向上运行，并将小车输送到下一个操作位置。托盘上配备有用于存储工件特定数据的 RFID 标签。

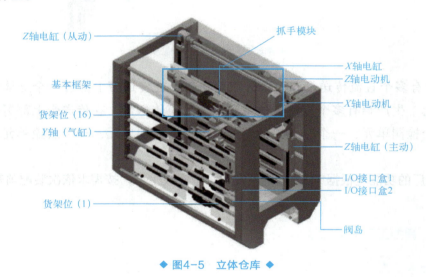

◆ 图4-5　立体仓库 ◆

2）立体仓库有一个笛卡儿机器人，它是以 XYZ 直角坐标系统为基本数学模型，以伺服电动机、步进电动机为驱动的单轴机械臂为基本工作单元，以滚珠丝杠、同步带、齿轮齿条为常用的传动方式所架构起来的机器人系统，遵循可控的运动轨迹到达 XYZ 三维坐标系中任意一点。

3）红色部分抓手模块在立体仓库中起到关键作用，如图 4-6 所示。抓手模块的主要元器件类型有旋转气缸、无杆缸、托盘识别传感器和抓手。抓手模块的功能是放置托盘到小车上和从小车上取走托盘。抓手模块安装在立体仓库中。

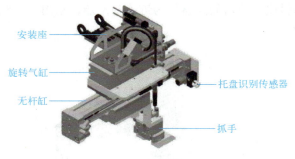

◆ 图4-6 抓手模块 ◆

3．AGV 小车

Robotino 移动机器人用于运输小车，实现小车在装配端和仓库端的输送，如图 4-7 所示。Robotino 是用于研究和教育的移动机器人平台。AGV 下方配备了激光扫描仪，上方配备了装运小车的运输设备，作为中转小车的自主导航车辆。

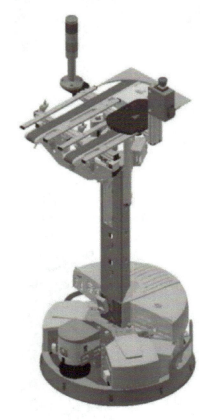

◆ 图4-7 AGV小车 ◆

4．料仓单元

料仓单元包含前盖单元和后盖单元，工厂料仓单元如图 4-8 所示。

1）料仓单元的主要元器件类型有气缸、阀岛、传感器和进给分离器。

2）料仓单元的功能是将工件前盖和后盖放置到小车托盘上。

3）料仓里控制原料逐一掉落的元器件为进给分离器，它由一个阀驱动，其内部结构能自动控制整个分离过程。

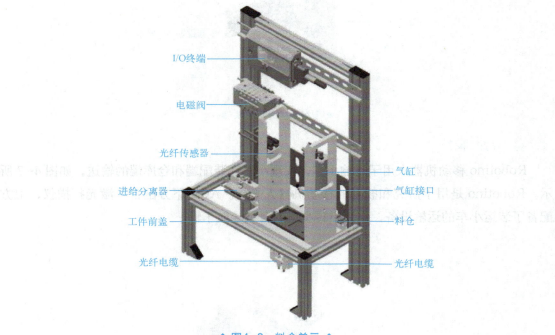

◆ 图4-8 料仓单元 ◆

5．检测单元

检测单元如图4-9所示。

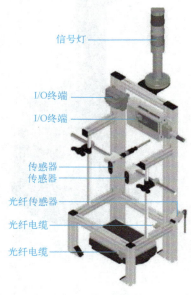

◆ 图4-9 检测单元 ◆

1）两个激光距离传感器可聚焦在特定零件的两个测量点上。两个传感器安装在可调测量架上，用于检测指定两个点的高度差，从而可以进行简单的质量控制。

2）检测单元的功能主要是检测工件的质量，其结果会通过信号灯来进行展示。

6．钻孔单元

钻孔单元如图4-10所示。

1）钻孔单元的主要元器件类型有气缸、阀岛、传感器和可编程控制器。

2）钻孔单元的功能是在工件前盖板上钻4个孔。

3）钻孔单元里控制打孔单元沿进给反向前进的元器件为无杆气缸，根据特性，它配置有循环滚珠轴承导向装置，并且缓冲器为自调节型。

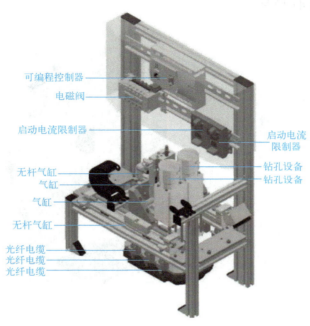

◆ 图4-10 钻孔单元 ◆

7．压紧单元

压紧单元如图4-11所示。

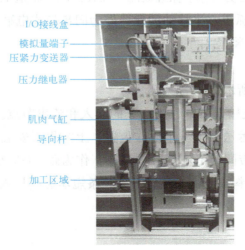

◆ 图4-11 压紧单元 ◆

1)压紧单元的主要元器件类型有肌肉气缸、压紧力变送器、压力继电器和导向杆。

2)压紧单元的功能是将工件前盖和后盖压在一起。

3)压紧单元里将工件前盖和后盖压在一起的元器件为气动肌腱,压紧过程通过比例压力控制进行。产生的力用测力计精确测量。压力由额外的导向装置吸收和消散,不会影响输送机。

8. 输出单元

输出单元如图4-12所示。

◆ 图4-12 输出单元 ◆

1)输出单元的主要元器件类型有气缸、阀岛、传感器、电缸和抓手。

2)输出单元的功能是使用抓手抓握成品并放置到两个辊道上。

3)输出单元里控制抓手水平移动的元器件为同步带式电缸,电缸的行程为300mm,并且配置有滑动轴承导向装置。

9. 传输单元

传输单元如图4-13所示。

传输单元有四条分支输送带,作为小车的流入和流出节点。两条长输送带同时沿不同方向运行,并将小车运送至下一个操作位置,上方用于安装应用单元,如料仓单元、检测单元;两条短输送带同时沿不同方向运行,作为跟AGV小车的对接处,一条短输送线与AGV对接完成物料成品的搬运,另外一条短输送线与AGV对接完成物料半成品的搬运。

◆ 图4-13 传输单元 ◆

4.3.3 智能工厂的关键技术认知

1. MES

MES 的功能包括：可以查看生产状态；可以进行订单管理、订单创建、查看计划和实际订单；查看不同的工作站和已完成订单的效率报告；可添加、配置、删除系统中的工件、工作计划和工作站。

2. 机器人视觉技术

对于工业机器人而言，机器视觉赋予机械臂智能化定位的能力。相机拍照、图像特征提取和像素坐标转化为机器人坐标，控制机器人的移动和定位，赋予机器人感知周围环境的能力。机器人视觉装置如图 4-14 所示。机器人视觉的输入是图像，输出是机器人执行的动作。图中的光源提供背光，以更好地突出前盖的轮廓。

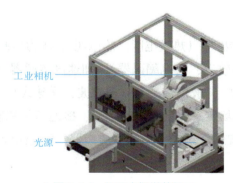

◆ 图4-14 机器人视觉装置 ◆

4.3.4 智能工厂的主要元器件认知

1. 传感器

传感器是一种能够感知、检测被测量(物理量、化学量或生物量)并将其转换为可供处理、传输、显示、记录或控制的电信号或其他形式输出信号的设备。传感器在自动化系统、信息采集、数据监测以及各种科学与工程应用中发挥着核心作用,是实现智能化和信息化的基础元件。传感器如图4-15所示。

◆ 图4-15 传感器 ◆

(1) 传感器的基本构成与工作原理

传感器通常由敏感元件、转换元件和信号调理电路组成。敏感元件负责直接感受并响应待测物理量的变化;转换元件将这种变化转换为易于处理的信号,如电压、电流、频率等;信号调理电路则进一步放大、滤波或线性化这些信号,以便于后续的数据分析和使用。

(2) 传感器分类

传感器可以分为温度传感器(热敏电阻、热电偶)、压力传感器(压阻式、电容式、压电式)、速度传感器(霍尔效应、光电编码器)、加速度传感器(MEMS加速度计)、位置传感器(磁感应式、光电式)、液位传感器(超声波、浮球式)、射线辐射传感器(光子探测器、半导体探测器)、磁场传感器(磁阻传感器、磁通门传感器)、光学传感器(光电二极管、CCD/CMOS图像传感器)、声音传感器(传声器)和气体传感器(金属氧化物半导体、电化学传感器)等。

2. 抓手

机械平行抓手是一种广泛应用于自动化生产线的重要末端执行器,其主要用于搬运、装配和定位不同形状与重量的工件。机械平行抓手如图4-16所示。

◆ 图4-16 机械平行抓手 ◆

(1) 基本构造

机械平行抓手通常由主体框架、驱动装置、夹爪组件以及导向部件构成。主体框架为整个抓手提供结构支撑；驱动装置（如气缸、电动马达等）通过连杆机构或直接连接方式控制夹爪开合；夹爪是直接接触并抓取工件的部分，可以设计成两指、三指或多指形式，确保对工件稳定而精准的抓握。

(2) 工作原理

当驱动装置接收到指令后，会产生直线或旋转运动，通过传动机构转换为夹爪的同步开闭动作。平行抓手的设计使得所有夹爪在运动过程中保持平行，以保证工件在整个抓取、移动和释放过程中的稳定性，减少工件在搬运过程中的变形或损坏。

(3) 分类与特点

1) 气动平行抓手：利用压缩空气作为动力源，反应速度快，适用于大批量生产线上快速频繁的动作需求。

2) 电动平行抓手：采用伺服电动机驱动，具有精确度高、速度可调、易于实现智能化控制的特点，适合对精度要求高的场合。

3) 平行移动气爪：如SMC品牌的平行移动气爪，其特点是能够在一个平面内做平移动作，适应更多种类的工件抓取需求。

(4) 选型与设计考虑因素

在选择和设计机械平行抓手时，需充分考虑工件的尺寸、重量、形状、材质以及表面特性等，同时还需要关注抓手的工作环境（温度、湿度、洁净度）、运行速度、负载周期和定位精度等因素，确保抓手能满足特定应用场景下的性能需求，并且具有较长的使用寿命和较低的维护成本。

3. 气缸

气缸是一种将压缩气体的能量转换为直线往复运动的机械能的装置，是许多自动化设备和工业生产中广泛应用的基础元件。气缸如图 4-17 所示。

◆ 图4-17 气缸 ◆

（1）基本构造

气缸主要由缸筒、活塞、活塞杆、导向组件（如轴承或滑块）、端盖及密封件组成，缸筒内部安装有可移动的活塞，活塞与活塞杆相连，通过在缸筒内做往复运动来传递动力。

（2）工作原理

当压缩空气或其他气体进入气缸的一侧腔室时，产生推力推动活塞向前运动，从而带动活塞杆及外部负载动作。

双作用气缸可以在两个方向上实现动力输出，即在活塞两侧分别设置进、排气口，使活塞能在气体压力作用下进行双向运动。

单作用气缸则仅在一个方向提供动力，反向运动通常依靠弹簧力、重力或其他外力恢复原位。

（3）分类

1）根据作用方式不同分为单作用气缸和双作用气缸。

2）根据结构形式不同分为标准气缸、薄型气缸、迷你气缸、笔形气缸、旋转气缸和摆动气缸等。

3）根据安装方式不同分为固定式气缸、轴销式气缸、耳轴式气缸和法兰式气缸等。

（4）设计与选择要点

1）在选择气缸时需要考虑其所需提供的推力或拉力，确保气缸输出力足够且留有一定的余量以保证稳定可靠的工作状态。

2）需要根据工作环境和任务需求确定气缸的结构形式、安装方式、行程长度、速度及耐温等级等参数。

3）确保气缸在行程范围内运行平稳，避免因行程而造成冲击损伤，适当保留行程余量。

4）注意气缸工作的推进速度、工作压力范围及环境温度限制，低温环境下采取防冻措施。

4．电磁阀

（1）电磁阀的基本构造

电磁阀内部主要由电磁线圈、铁心（也称衔铁）、阀瓣（或阀芯）以及相应的密封件组成，如图4-18所示。电磁线圈套在固定磁路内，当电流通过时会产生磁场。

◆ 图4-18　电磁阀 ◆

（2）电磁阀的工作原理

当外部电源为电磁线圈提供电流后，会形成一个强大的磁场，吸引或排斥铁心。铁心的移动带动阀瓣改变位置，从而实现对流体通道的开启、关闭或切换流向。在直动式电磁阀中，铁心直接推动阀瓣动作；而在先导式电磁阀中，主阀的动作是由先导阀开启或关闭时产生的压力变化来控制的。

（3）电磁阀的特点与优势

1）快速响应：电磁阀能够迅速接收到电信号并转换成机械动作，反应速度快。

2）远程控制：由于其本质是电控设备，可以方便地通过远程控制系统进行远距离操控。

3）自动化程度高：无须外加动力源，仅给电磁线圈供电即可完成阀门的开闭操作。

4）结构多样灵活：可以根据具体工况设计出各种结构形式和尺寸大小的电磁阀，满足不同流量和压力的需求。

（4）电磁阀的分类与应用领域

根据功能划分，电磁阀可分为两位两通、两位三通和三位五通等多种类型，分别对应不同的流道控制模式。

根据操作方式划分，电磁阀可分为直动式电磁阀、分步直动式电磁阀和先导式电磁阀等。

5. 伺服控制器

(1) 伺服控制器的定义

伺服控制器也称为伺服驱动器或伺服放大器，是一种精密的电子设备，专门设计用于精确控制伺服电动机的工作状态，以实现对机械设备高精度的位置、速度和转矩控制。伺服控制器广泛应用于自动化设备、机器人系统、CNC机床、精密仪器以及航空航天等领域中对动态响应速度和控制性能要求高的场合。伺服控制器如图4-19所示。

◆ 图4-19 伺服控制器 ◆

(2) 伺服控制器的主要特点与功能

1) 闭环控制：伺服控制器采用闭环反馈机制，通过内置或外置编码器等传感器实时获取伺服电动机的运行状态（如位置、速度和电流等），并将实际值与目标值进行比较，通过内部算法计算出适当的输出信号来调整电动机动作，从而达到高精度控制的目的。

2) 信号处理：接收来自上位机或控制器的各种控制信号，例如脉冲序列、模拟电压或数字通信指令等，并将其转换为电动机所需的驱动信号。

3) 驱动电路设计：包含功率器件（如IGBT、MOSFET等）组成的驱动电路，能够根据控制指令提供足够大的电流驱动伺服电动机高效、准确地工作。

4) 保护措施：具备过载保护、过热保护、欠电压保护等多种安全防护措施，确保伺服电动机在正常范围内稳定运行，防止因异常情况导致的损坏。

5) 动态性能优化：能够通过参数调整和高级控制算法（如PID控制或其他复杂算法）优化系统的动态响应性能，降低振动，提高定位精度。

6) 多轴同步控制能力：在某些应用中，一个伺服控制器可以同时控制多个伺服电动机协同工作，实现复杂的运动轨迹规划和同步控制。

7) 通信接口：现代伺服控制器通常配备多种工业通信接口，如EtherCAT、CANopen、Profinet、Modbus等，便于集成到更大型的自动化网络系统中。

总之，伺服控制器是实现高精度自动化运动控制的关键部件，其高性能和稳定性对于提升整个系统的效能至关重要。

6．伺服电动机

（1）伺服电动机的概念

伺服电动机（Servo Motor）是一种高性能的电动机，如图4-20所示。它专门设计用于精确控制机械部件的位置、速度、转矩等物理量，并且能够在伺服系统中实现闭环控制。在自动控制系统中，伺服电动机作为执行元件，对输入信号做出快速响应，确保输出动作与指令信号严格一致。

◆ 图4-20　伺服电动机 ◆

（2）伺服电动机的主要特点

1）高精度定位：通过内置或外置编码器实时反馈电动机转子位置信息，实现非常高的定位精度和重复精度。

2）可变转速和转矩：根据控制器提供的电压或电流信号改变其转速和转矩输出，能够实现宽范围内的无级调速。

3）动态响应快：具有较小的机电时间常数，即从接收命令到执行命令所需的时间极短，对于快速变化的负载需求能迅速调整输出。

4）自锁功能：在没有外部驱动信号时，伺服电动机可以保持当前位置不变，不会出现自转现象。

5）起动转矩大：伺服电动机通常能在零速下提供足够的起动转矩，使得设备能够快速启动并达到设定速度。

6）结构类型多样：伺服电动机分为直流伺服电动机和交流伺服电动机两大类，其中交流伺服电动机又可分为同步伺服电动机（如永磁同步伺服电动机，使用钕铁硼永磁材料制造转子）和异步伺服电动机。

7）闭环控制：伺服电动机通常配合伺服驱动器组成伺服系统，驱动器根据反馈信号进行PID调节或其他更复杂的控制算法运算，以保证电动机的实际运行状态始终与目标值保持一致。

伺服电动机因其卓越的性能表现，在工业自动化领域得到广泛应用，例如机器人关节驱动、精密机床、CNC加工中心、印刷机械、纺织机械、包装机械、电子装配线和航空航天设备等领域。

7. RFID

RFID（Radio Frequency Identification）即无线射频识别技术，是一种非接触式的自动识别技术。通过无线电波的方式，RFID系统能够远距离地、无需直接视线接触即可识别特定目标，并读取或写入附着在该目标上的电子标签信息。

（1）RFID的组成

一个典型的RFID系统由两部分组成：阅读器（Reader）和电子标签（Tag）。电子标签包含一个内置的微型芯片和天线，用于存储唯一标识或其他数据信息。当电子标签进入阅读器的工作范围时，阅读器会发送出特定频率的无线电波，激活电子标签并与其进行通信。电子标签收到信号后，将内部存储的信息以无线方式回传给阅读器，阅读器再将接收到的数据解码并传输至后台管理系统。

（2）RFID技术的特点

1）非接触式：不需要物理接触就能完成数据交换。

2）快速扫描：可同时识别多个标签，尤其适合大批量物品管理。

3）适应性强：可以在恶劣的环境中工作，如有尘土、湿度较高或者温度变化大的场合。

4）数据容量可变：不同类型的电子标签可以存储从少量字节到几千字节不等的数据。

5）可更新性：部分电子标签允许用户重新写入新的数据。

RFID应用广泛，包括但不限于供应链管理、库存追踪、物流监控、门禁控制、车辆自动收费、图书馆书籍管理、动物识别、医疗保健以及防伪追溯等领域。

▶ 4.4 任务实施

4.4.1 智能工厂的物料流分析

1. 智能工厂系统组成

智能工厂系统由AGV搬运系统单元、立体仓库单元、前盖单元、检测单元、钻孔单元、机器人装配单元、后盖单元、压紧单元和输出单元组成。结合智能工厂的工艺流程将其组成单元按工作顺序进行排序：①AGV搬运系统单元→②立体仓库单元→③前盖单元→④检测单元→⑤钻孔单元→⑥机器人装配单元→⑦后盖单元→⑧压紧单元→①AGV搬运系统单元→⑨输出单元。

4-2 任务实施

2. 智能工厂物料流分析

根据如图4-21所示物料流变化，对智能工厂的物料流进行分析。

（1）小车

结合智能工厂的工艺流程分析得知①中的小车是由AGV搬运系统运输至输出单元传

送带上，因此①是由 AGV 搬运系统完成的。

（2）小车＋托盘

结合智能工厂的工艺流程分析得知②是在站 1 立体仓库单元中完成的。

（3）小车＋托盘＋前盖

结合智能工厂的工艺流程分析得知③是在站 2 前盖单元中完成的。

（4）小车＋托盘＋前盖＋钻孔

结合智能工厂的工艺流程分析得知④是在站 4 钻孔单元中完成的。

（5）小车＋托盘＋前盖＋钻孔＋PCB＋保险

结合智能工厂的工艺流程分析得知⑤是在站 5 机器人装配单元中完成的。

（6）小车＋托盘＋前盖＋钻孔＋PCB＋保险＋后盖

结合智能工厂的工艺流程分析得知⑥是在站 6 后盖单元中完成的。

（7）小车＋托盘＋前盖＋钻孔＋PCB＋保险＋后盖＋压盖

结合智能工厂的工艺流程分析得知⑦是在站 7 压紧单元中完成的。

（8）成品物料，完成分拣

结合智能工厂的工艺流程分析得知⑧是在站 8 输出单元中完成的。

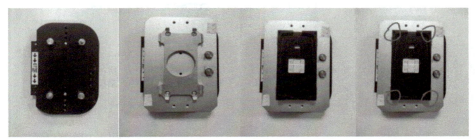

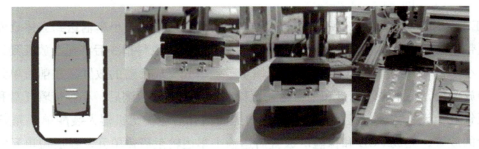

◆ 图 4-21　智能工厂的物料流变化 ◆

4.4.2　智能工厂的信息流分析

1. 智能工厂信息流分析

智能工厂信息流分析如图 4-22 所示。

信息流

01	02	03	04
MES定制订单	立体仓库单元将订单信息写入RFID并执行操作	仓库端分支单元读取RFID并呼唤AGV将小车输送到装配端分支单元	装配端分支单元读取RFID并呼唤AGV将小车输送到仓库端分支单元

05	06	07	08
立体仓库单元读取RFID并执行操作	输出单元读取RFID后执行操作，并修改RFID	料仓单元读取RFID后执行操作，并修改RFID	机器人编程单元读取RFID后执行操作，并修改RFID

09	10	11	12
压紧单元读取RFID后执行操作，并修改RFID	检测单元读取RFID后执行操作，并修改RFID	后盖单元读取RFID后执行操作，并修改RFID	钻孔单元读取RFID后执行操作，并修改RFID

◆ 图4-22 智能工厂信息流分析 ◆

2. 智能工厂的生产工艺流程

MES发送定制信息，AGV系统搬运小车得到信息后将空载小车输送到立体仓库分支端传送带上，运输至立体仓库单元。立体仓库单元得到可取料指令后将托盘放置到运输小车上，小车带着托盘经AGV系统一起运输至前盖单元完成前盖的放置。在前盖单元完成前盖的放置后，小车带着托盘和前盖运输至检测单元。完成检测后，小车带着托盘和前盖运输至钻孔单元，完成前盖的钻孔。完成前盖的钻孔后运输至机器人装配单元完成PCB和保险的放置。完成PCB和保险的放置后运输小车运输至后盖单元，在后盖单元完成后盖的安装。安装完成后运输至压紧单元，在压紧单元完成后盖的压紧。压紧完成后，小车运输至前盖分支单元末端。

小车运输至前盖分支单元末端后，AGV系统将小车运输至立体仓库分支端传送带上，小车跟随传送带运输至输出单元完成物料的分拣。在输出单元完成物料的分拣后，小车带着托盘运输至立体仓库单元，伺服运动控制装置将托盘放置到原来的位置。完成托盘的放置后，小车进入下一个循环。

4.4.3 智能工厂生产线说明书

生产线说明书			
课程	智能工厂综合实训	项目	智能工厂的认知
班级		时间	
姓名		学号	
名称	内容		
生产线图片	AGV、机器人编程单元、后盖单元、前盖单元、立体仓库、钻孔单元、检测单元、压紧单元、输出单元		
生产线说明	MES发送定制信息，AGV系统搬运小车得到信息后将空载小车输送到立体仓库分支端传送带上，运输至立体仓库单元。立体仓库单元得到可取料指令后将托盘放置到运输小车上，小车带着托盘经AGV系统一起运输至前盖单元完成前盖的放置。在前盖单元完成前盖的放置后，小车带着托盘和前盖运输至检测单元。完成检测后，小车带着托盘和前盖运输至钻孔单元完成前盖的钻孔。完成前盖的钻孔后运输至机器人装配单元完成PCB和保险的放置。完成PCB和保险的放置后小车运输至后盖单元，在后盖单元完成后盖的安装。安装完成后运输至压紧单元，在压紧单元完成后盖的压紧。压紧完成后小车运输至前盖分支单元末端。 小车运输至前盖分支单元末端后，AGV系统将小车运输至立体仓库分支端传送带上，跟随传送带运输至输出单元完成物料的分拣。在输出单元完成物料的分拣后，小车带着托盘运输至立体仓库单元，伺服运动控制装置将托盘放置到原来的位置。完成托盘的放置后，小车进入下一个循环		
备注			

▶ 4.5 任务评价

任务评价表					
课程	智能工厂综合实训	项目	智能工厂的认知	姓名	
班级		时间		学号	
序号	评测指标	评分	备注		
1	能够描述智能工厂由哪几个单元组成（0-5分）				
2	能够描述智能工厂立体仓库单元伺服控制器的品牌和工作原理（0-5分）				
3	能够描述前盖/后盖单元通过哪种机械结构实现前盖/后盖的放置（0-5分）				
4	能够描述检测单元通过哪种品牌的传感器实现对物料的检测（0-5分）				

(续)

任务评价表			
序号	评测指标	评分	备注
5	能够描述机器人装配单元的工艺流程（0-5分）		
6	能够描述钻孔单元的工艺流程（0-5分）		
7	能够描述输出单元的工艺流程（0-10分）		
8	能够完成对智能工厂物料流的分析（0-10分）		
9	能够完成对智能工厂信息流的分析（0-10分）		
10	具备对新事物的认知能力（0-10分）		
11	能够完成智能工厂生产线说明书的撰写（0-30分）		
	总计		
综合评价			

▶ 4.6 任务拓展

明确学习目标和学习任务后，通过查阅知识准备中的理论知识，结合任务实施中的任务，撰写一个对智能工厂的认知，以 Word 形式展现，字数要求 500 字左右。

> **科学人文素养**
>
> 学习是成长的源泉，是通往成功的必经之路。不断地学习新知识、新技能，不仅可以丰富自己的知识储备，提高自己的竞争力，更可以开阔自己的视野，提升自己的人生境界。对智能工厂的学习同样要遵守这一科学观点，要通过认真学习智能工厂的相关知识，对智能工厂有更深的认识。

▶ 4.7 练习题

一、判断题

1．钻孔单元使用激光测距传感器进行检测。（　　）

2．传输单元主要元器件类型有气缸、阀岛、传感器、电动机和控制面板。（　　）

3．气缸的伸出、缩回都是由压缩气体推动的。（　　）

4．RFID（射频识别技术）原理为阅读器与标签之间进行非接触式的数据通信，达到识别目标的目的。（　　）

5．在智能工厂中，前盖单元和后盖单元的机械结构类似。（　　）

二、单项选择题

1．下列选项中智能工厂的组成不包括（　　）部分。

  A．仓库端   B．加工端

  C．控制系统   D．AGV

2．在智能生产线和智能工厂中，（　　）两者都配备但机械结构不同。

  A．前盖单元   B．机器人装配单元

  C．压紧单元   D．输出单元

3．气缸有多种类型，以下（　　）选项是气缸能实现的。

  A．伸缩   B．旋转

  C．伸缩和旋转都可以   D．伸缩和旋转都不可以

4．MES是指（　　）。

  A．制造管理系统   B．制造执行系统

  C．企业制造系统   D．企业管理系统

三、简答题

1．智能工厂由几部分组成？它们分别有什么功能？

2．什么是智能工厂的MES？它有什么作用？

3．机器视觉技术是智能工厂必不可少的关键技术，它是怎样定义的？作用是什么？

PROJECT 5
项目 5
智能工厂生产线的操作

▶ 5.1 项目描述

5.1.1 工作任务

智能工厂的建设是一个综合性的系统工程,传统的以集成各种设备、打通工艺流程的建设方式已经不满足现阶段柔性化、数字化乃至智能化的生产线建设要求。本项目主要是通过对智能工厂的安全操作规程的学习和对生产线安全标识的认知,来完成生产线开机前的产线检查、生产线的上电初始化操作、生产线的 MES 和 Default 两种模式切换以及生产线的急停操作,最后撰写智能工厂生产线操作说明书。图 5-1 所示为智能工厂。

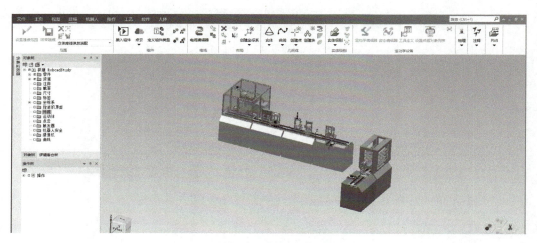

◆ 图5-1 智能工厂 ◆

5.1.2 任务要求

1. 完成智能工厂的开机前检查。

2．实施智能工厂的上电初始化操作。
3．借助 HMI 实现 MES 模式与 Default 模式的切换。
4．紧急状况下完成智能工厂的急停操作。
5．结合对智能工厂的实际应用与认知撰写智能工厂的操作说明书。

5.1.3 学习成果

在了解了智能工厂中安全指示标识的意义后，通过学习掌握开机前工厂检查的内容和上电初始化流程，完成智能工厂的开机检查、上电、模式切换以及在急停情况下的安全操作。

5.1.4 学习目标（图5-2）

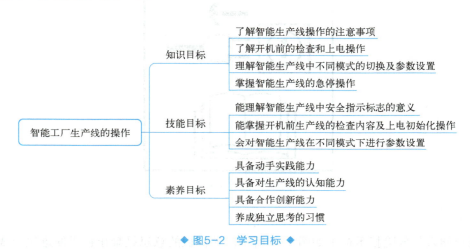

◆ 图5-2 学习目标 ◆

5.2 工作任务书

在工作过程中，请结合表 5-1 中的内容了解本项目的任务和关键指标。

表 5-1 智能工厂生产线的操作工作任务书

任务书			
课程	智能工厂综合实训	项目	智能工厂生产线的操作
姓名		班级	
时间		学号	
任务	撰写智能工厂生产线操作说明书		
项目描述	通过前面的项目学习，对智能工厂有了深刻的认知，本项目主要是通过对智能工厂的安全操作规程的学习和对生产线安全标识的认知，来完成生产线开机前的产线检查、生产线的上电初始化操作、生产线的MES和Default两种模式切换以及生产线的急停操作。最后撰写智能工厂生产线操作说明书		
关键指标	1．了解智能生产线运行时的危险和安全措施 2．对生产线的检查和上电初始化 3．切换生产线不同的操作模式 4．了解急停操作的流程		

5.3 知识准备

5.3.1 智能工厂的指示标识

1. 断电维护标识

如图 5-3 所示,断电维护标识表示在安装、维修、维护和清洁工作之前必须关闭设备,并且必须从电源插座上拔下电源插头,否则可能会导致严重的人身伤害或财产损失。

5-1 知识准备

◆ 图5-3 断电维护标识 ◆

2. 传送带处的标识

"禁止伸入"危险指示标识如图 5-4 所示。该标识的意思是禁止将手伸进生产线内部,特别是机器人装配单元,防止手被设备撞伤,造成安全事故。

◆ 图5-4 传送带处的标识 ◆

3. 气缸处的标识

如图 5-5 所示,上方标识表示警告,不遵守相关指示可能会导致严重的人身伤害或财产损失;下方标识提示谨慎,不遵守相关指示可能会导致人身伤害或财产损失。

◆ 图5-5 气缸处的标识 ◆

如气缸在运行时的速度很快,若是将手伸到气缸运行的行程中,可能会对人体造成伤害。所以,在对气缸进行操作时需要注意其周围的环境,确保安全。

4．电动机处的标识

图 5-6 所示标识表示此设备温度较高,靠近或者接触时注意高温,小心烫伤。

◆ 图5-6 电动机处的标识 ◆

电动机的高速运转往往会带来大量的热量,而在散热的过程中电动机整体的温度会升高,所以在操作电动机的时候,需要注意电动机的温度,防止被电动机烫伤。

5.3.2 智能工厂安全操作规程

1）进入训练场地要听从指导教师的安排,安全着装,认真听讲,仔细观摩,严禁嬉戏打闹,保持场地干净整洁。

2）学生必须在掌握相关仪器设备的正常使用方法后,才能进行操作。

3）严格按照智能制造开机程序开机。开机时,先开启外部设备电源并确定机器人工作范围内无障碍物的情况下,再开启机器人动力系统。

4）在机床工作时,严禁与工件靠得太近,以防铁屑飞入眼睛,加工时严禁打开防护门。

5）在生产线运行过程中不能触碰工件，机器人运行的导轨上严禁放置量具、工件等其他物品。

6）在联机运行时，严禁将机器人的速度比例设置在 50% 以上，且保证必须有一人或多人在运行现场。

7）在调试程序时，将机器人运行速度设到低速，以免程序错误造成机器人运行碰撞到人或设备其他部分。

8）遇到紧急情况的状态下，第一时间按下"急停"按钮，同时报告指导老师，待正确处理后，方能继续操作。

9）严格按照关机顺序，先关闭机器人电源，再关闭外围设备电源。

10）操作结束后，将所有设备擦净，添加润滑油，做好设备维护保养工作，清扫工作场地。

5.3.3 智能工厂PLC的认知

1. PLC 的认知

PLC 是一种专门设计用于工业环境中的数字运算操作电子设备，主要用于实现工业过程的自动化控制。它集成了计算机技术、自动控制技术和通信技术，具有可靠性高、抗干扰能力强、易于编程和维护等特点。

（1）PLC 的基本概念与起源

PLC 是一种专为工业环境设计和制造的计算机控制装置，它的诞生源于 20 世纪 60 年代美国汽车制造业对继电器逻辑控制系统替代品的需求。PLC 能够执行预编程的指令列表，以实现对工业设备和生产过程的逻辑运算、顺序控制、定时、计数以及算术运算等功能。与传统的继电器相比，PLC 具有更高的可靠性、更强的抗干扰能力、更快的响应速度以及更易修改程序的优势。

（2）PLC 的主要构成部件及功能

1）中央处理器（CPU）：作为 PLC 的大脑，负责接收并处理输入信号，执行用户程序，计算输出结果，并通过输出模块驱动现场设备。同时，CPU 还具有内部存储器管理、通信接口管理和故障诊断等功能。

2）电源模块：为整个 PLC 系统提供稳定的直流电，确保各组件正常工作。

3）输入／输出模块（I/O 模块）：输入模块连接传感器和其他检测元件，将现场的物理信号转换成数字信号供 CPU 处理；输出模块则根据 CPU 的指令驱动执行机构如电动机、电磁阀、指示灯等。

4）存储器：包括系统程序存储区和用户程序存储区。系统程序存储的是操作系统和基本指令集，不可由用户更改；用户程序存储区用于存放工程师根据实际应用需求编写的控制程序。

5）通信模块：使 PLC 具备与其他控制器、上位机、HMI 人机界面以及网络中的其他设备进行数据交换的能力，支持多种工业通信协议，如 Modbus、Profinet、EtherNet/TCP IP 等。

(3) PLC 的工作原理

PLC 的工作流程基于循环扫描机制。在每个扫描周期中，PLC 首先读取所有输入状态，然后按照用户程序规定的逻辑关系进行计算，接着更新输出状态，最后进入下一个扫描周期。这种连续不断的工作模式确保了系统的实时性和稳定性。

(4) PLC 的编程方式

PLC 支持多种编程语言，以适应不同层次用户的使用习惯。

1) 梯形图（Ladder Diagram，LD）：模仿传统继电器电路的形式，直观易懂。

2) 功能块图（Function Block Diagram，FBD）：采用图形化模块化结构表示算法功能。

3) 顺序功能图（Sequential Function Chart，SFC）：适用于描述复杂控制逻辑的时序动作。

4) 结构化文本（Structured Text，ST）：类似于高级编程语言，适合复杂的数学计算和函数表达。

此外，还有指令表（Instruction List，IL）、顺序结构文本（Structured Control Language，SCL）等多种编程方式。

(5) PLC 的应用领域与特点

PLC 广泛应用于各类自动化生产线、加工机械、物料输送系统、楼宇自动化、电力系统保护以及环保设施等领域。其主要特点如下：

1) 高可靠性：采用冗余设计，可在恶劣环境中稳定运行，使用寿命长。

2) 易于编程和维护：丰富的编程工具和标准化的语言大大降低了操作难度。

3) 灵活性：通过修改或增加程序，可以方便地改变控制系统的功能，适应工艺变化。

4) 扩展性：可通过添加 I/O 模块或其他功能模块来扩展 PLC 的功能和规模。

5) 智能化：现代 PLC 内置智能算法和功能块，可实现复杂控制策略，支持远程监控和数据分析。

综上所述，PLC 作为工业自动化的核心控制装置，在现代化生产过程中发挥着不可或缺的作用，是提升生产率、保障产品质量、降低劳动强度和实现智能制造的关键技术之一。随着技术的发展，PLC 正朝着更高集成度、更强网络化和智能化的方向发展，进一步提升其在工业自动化领域的地位。

2. 智能工厂触摸屏组态

工业触摸屏的主要功能是提供可视化界面，方便操作员对工业设备进行控制和监控，通过触摸屏，操作员可以直观地查看设备的运行状态、调整参数以及触发报警等功能。在智能工厂中为方便操作员对设备进行操作，需对触摸屏进行组态。组态步骤如下：

1) 添加新设备。双击"添加新设备"，如图 5-7 所示。

2) 添加目标触摸屏，如图 5-8 所示。

3) 选择目标 CPU。根据智能工厂的实际需求选择 CPU 工作站，如图 5-9 所示。

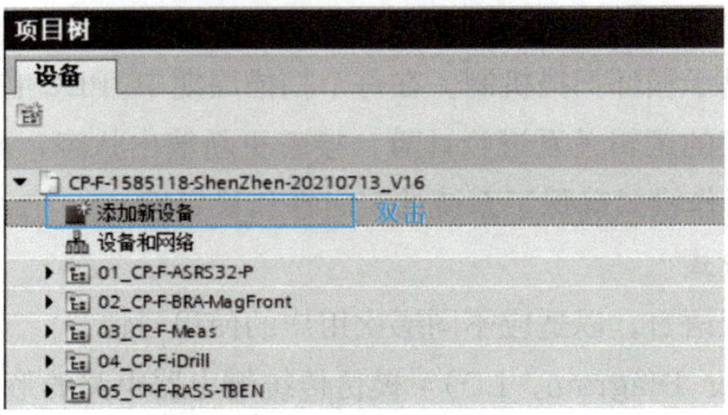

◆ 图5-7 添加新设备 ◆

◆ 图5-8 添加HMI ◆

◆ 图5-9 选择CPU工作站 ◆

4）HMI 组态效果，如图 5-10 所示。

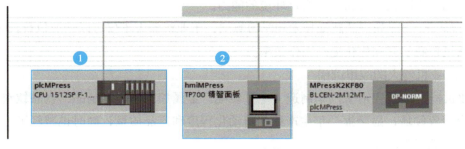

◆ 图5-10　HMI组态效果 ◆

5.3.4　智能工厂工业机器人

工业机器人是一种先进的自动化设备，专门设计用于在工业生产环境中执行各种重复性、高强度、高精度及危险的作业。工业机器人技术结合了机械工程、电子工程、计算机科学和控制理论等多个领域的知识，以实现对特定工作流程的高效控制与操作。

（1）工业机器人组成部分

1）主体（Mechanical Structure）：包括机器人的机械臂、关节和末端执行器等部分。多关节机械手可以提供多个自由度，允许机器人进行三维空间内的灵活移动和精确定位。

2）驱动系统（Drive System）：通常由伺服电动机或步进电动机组成，为每个关节提供动力，使机器人能够完成各种动作。这些电动机通过精密减速机将高速旋转转换为大转矩输出，实现高精度的运动控制。

3）传感器（Sensors）：包括位置传感器（如编码器）、力矩传感器、视觉传感器和触觉传感器等，用于获取机器人及其工作环境的实时信息，以支持智能决策和精确控制。

4）控制系统（Control System）：包含硬件控制器和软件程序，负责接收指令、解析任务、计算路径规划以及驱动机器人。现代工业机器人通常使用高性能处理器，通过预编程或示教再现的方式执行任务，并能够与外部设备通信交互。

5）末端执行器（End Effector）：根据具体应用需求安装不同的工具或装置，例如夹持器、焊接枪、喷涂头或切割工具等，使机器人能完成特定操作。

（2）工业机器人的分类

1）按照负载能力划分，可分为轻型工业机器人、中型工业机器人和重型工业机器人。

2）按照自由度（DOF）划分，可以分为二轴、三轴、四轴到六轴甚至更高自由度的机械手和机器人。

3）按照应用领域划分，可分为装配机器人、焊接机器人、搬运机器人、喷涂机器人、码垛机器人、清洗机器人、检测机器人、滚边机器人和打磨机器人等。

（3）工业机器人的发展趋势

1）人机协作（Human-Robot Collaboration，HRC）：新一代的协作机器人设计注重安全性，能够在无防护栏的情况下与人类员工共同作业，实现更灵活高效的生产流程。

2）自主化（Autonomy）：随着人工智能和自主导航技术的发展，工业机器人正逐渐具备更强的自主决策能力和适应变化环境的能力。

3）智能化：集成先进的感知技术和学习算法，工业机器人不仅可以精准执行预定动作，还可以通过自我学习和优化提高工作效率。

(4) 工业机器人的应用范围

工业机器人广泛应用于汽车制造、电子装配、金属加工、塑料制品、食品饮料、制药和物流仓储等领域，显著提升了生产线的自动化程度和产品质量，同时也减轻了工人的劳动强度，降低了生产成本。

5.3.5 MES的认知

1．MES 简介

MES 即制造执行系统，是一种用于实时监控、追踪和控制生产过程的计算机化系统。MES 可以对生产线上的生产过程、资源和数据进行集成管理，以提高生产率和质量，降低生产成本。

2．MES 的核心功能

1）生产调度：MES 可以根据生产订单和资源状况，自动计算生产计划和调度，从而优化生产线的运作。

2）物料管理：MES 能够实时追踪原材料、半成品和成品的库存状况，确保生产所需物料的供应。

3）质量管理：MES 通过收集生产过程中的质量数据，进行实时分析和反馈，有助于提高产品质量和降低质量成本。

4）设备管理：MES 可以实时监控生产设备的运行状态，及时发现故障并进行维修保养，确保设备正常运行。

5）人员管理：MES 可以记录员工的工作时间、工作内容和工作效率，有助于提高生产率和降低人工成本。

6）数据分析：MES 可以对生产数据进行实时分析，为生产决策提供有力支持。

3．MES 与 ERP 系统的关系

MES 与 ERP（企业资源计划）系统之间存在密切的联系。MES 主要关注生产过程的实时管理，而 ERP 系统则关注企业整体的资源规划和管理。MES 将生产线的实时数据传递给 ERP 系统，ERP 系统根据这些数据进行生产计划、物料需求和成本分析，从而实现企业资源的优化配置。

4．MES 的优势

1）提高生产率：MES 通过实时监控生产过程，可以快速发现生产中的问题，从而提高生产率。

2）降低生产成本：MES 可以有效降低原材料、能源和人力等方面的成本，提高生产利润。

3）提高产品质量：MES 可实时监测产品质量，有助于提高产品质量和客户满意度。

4）提升企业管理水平：MES 可以为企业提供详细的生产数据和分析报告，有助于企业管理者做出正确的决策。

5．MES 的应用领域

MES 广泛应用于制造业、电子信息、汽车制造、石油化工和食品饮料等多个行业。以下是一些具体的应用示例：

1）制造业：在制造业中，MES 可以实时监控生产线的运行状况，确保生产过程的稳定和高效。此外，MES 还可以协助企业实现智能制造、柔性生产等先进生产模式。

2）电子信息：在电子信息行业，MES 可以精确控制生产过程中的各个环节，确保电子产品的质量和性能。通过 MES，企业可以实现产品的快速迭代和市场竞争力的提升。

3）汽车制造：在汽车制造行业，MES 可以对生产线进行实时监控和调度，降低生产成本和提高产能。同时，MES 还可以帮助汽车制造企业实现绿色生产和环保目标。

4）石油化工：在石油化工行业，MES 可以实现生产过程的精确控制，确保产品质量和生产安全。此外，MES 还可以帮助石油化工企业实现能源的节约和环保目标。

5）食品饮料：在食品饮料行业，MES 可以确保食品生产的安全和卫生，提高食品质量。通过 MES，企业可以实现食品生产的可追溯和可控，满足消费者对食品安全的需求。

6．MES 的发展趋势

随着科技的进步和制造业的发展，MES 也在不断地发展和创新。以下是 MES 未来的一些发展趋势：

1）与工业互联网的融合：随着工业互联网的普及，MES 将与工业互联网深度融合，实现生产数据的实时传输和共享，提高生产率。

2）大数据分析：MES 将利用大数据技术，对生产数据进行深度挖掘和分析，为企业提供更加精确的生产决策支持。

3）人工智能应用：未来的 MES 将广泛应用人工智能技术，实现生产过程的自动化和智能化，提高生产率和质量。

4）绿色生产：随着人们环保意识的增强，MES 将更加关注绿色生产和资源的可持续利用，帮助企业实现环保目标。

5）跨行业应用：MES 将不断拓展应用领域，涉足更多的行业和领域，为各行各业提供全面的生产管理解决方案。

7．MES 的选择与实施

在选择和实施 MES 时，企业应考虑以下几个方面：

1）明确需求：企业应根据自身的生产特点和管理需求，明确 MES 所需具备的功能和性能。

2）评估成本：企业应评估 MES 的投资成本和运行成本，确保 MES 能够为企业带来实际的经济效益。

3) 选择合适的供应商：企业应充分了解 MES 供应商的技术实力和服务能力，选择具有良好口碑和稳定性能的 MES。

4) 定制化开发：企业应与 MES 供应商合作，根据自身需求进行定制化开发，确保 MES 能够满足企业的实际需求。

5) 培训与支持：企业应确保员工对 MES 的操作和维护有充分的了解和技能，同时要求 MES 供应商提供及时的技术支持和服务。

6) 持续优化：企业应根据生产和管理的实际情况，持续优化 MES 的功能和性能，以提高生产率和质量。

▶ 5.4 任务实施

5.4.1 智能工厂的开机前物料检查

1. 输出单元开机前的物料检查

输出单元如图 5-11 所示。设备在开机前需进行物料检查，如检查输出单元的辊道是否清空，确保产线运行时有足够的位置放置生产的工件成品。

例如，输出单元有 2 处辊道，每处辊道能够放置 2 个工件成品，若是辊道都已经放满工件，则新完成的工件会因无法放置而导致小车停在输出单元。

◆ 图5-11 输出单元 ◆

2. 料仓单元开机前的物料检查

料仓单元如图 5-12 所示。设备在开机前需进行物料检查，如检查料仓单元是否有物料且物料的摆放是否正确。

前盖单元的物料只有在摆放位置正确的时候，才能通过检测单元的检测。后盖单元的物料只有在摆放位置正确的时候，前盖和后盖才能在压紧单元组成工件成品。

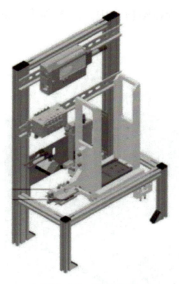

◆ 图5-12 料仓单元 ◆

3. 立体仓库开机前的物料检查

立体仓库单元如图 5-13 所示。设备在开机前需进行物料检查,如检查立体仓库内是否有托盘且托盘的摆放是否正确。

立体仓库的托盘摆放时需将有抓取钉的一侧朝向仓库里面,保证抓手模块能够抓取托盘。

确保立体仓库的各轴都在原点位置。

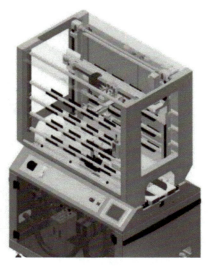

◆ 图5-13 立体仓库单元 ◆

4. 机器人装配单元开机前的物料检查

机器人装配单元如图 5-14 所示。设备在开机前需进行物料检查,如检查机器人装配单元内是否有 PCB 和保险,并检查两者的摆放是否正确。

机器人装配单元的 PCB 放置在塑料盒中，且要与盒中的位置匹配；保险放入三条管道中，无须考虑正反。

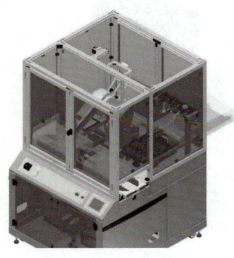

◆ 图5-14　机器人装配单元 ◆

5.4.2　智能工厂的开机前检查

1．钻孔单元的开机前检查

钻孔单元如图 5-15 所示。在智能工厂开机前，钻孔单元需要进行状态检测，必须保证钻头处于其上端的位置，滑动气缸必须处于其后置位。

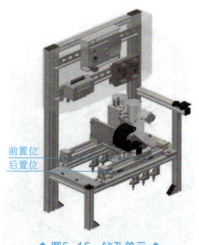

◆ 图5-15　钻孔单元 ◆

2．传输单元的开机前检查

传输单元如图 5-16 所示。设备在开机前需进行产线检查，如检查传输单元上的传送带是否损坏，检查传输单元是否有其他杂物，检查传输单元上小车的箭头方向是否跟传送带的输送方向一致。

◆ 图5-16　传输单元 ◆

5.4.3　智能工厂的上电初始化流程

1. 智能工厂的系统上电

打开电箱盖后，先打开总开关，然后打开中控开关 CP-Factory，如图 5-17 所示。CP-Factory 就是智能工厂的总开关，当打开总开关之后，可以看到智能生产线的传感器和指示灯亮了起来。

◆ 图5-17　CP-Factory智能工厂总开关 ◆

2. 智能工厂的上电

现在要进行智能工厂开机，上电流程操作步骤如下：打开电源开关，如图 5-18 所示；按下复位按钮；等待触摸屏开启；按下触摸屏上的 Reset 按钮（如果不能点，说明该单元已在初始位置）；按下 Automatic 按钮。

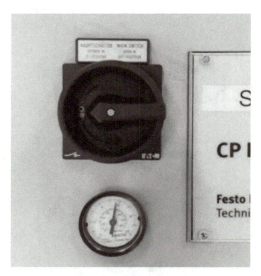

◆ 图5-18 电源开关 ◆

3. 智能工厂的初始化复位操作

在上电初始化流程操作中,有过两次复位按钮操作,如图5-19所示。第一次复位操作是安全继电器复位,目的是将设备信号从当前状态复位到初始化状态;第二次复位是设备复位,目的是将设备复位到初始化状态。

◆ 图5-19 复位按钮 ◆

4. 机器人上电初始化流程

1)将操作盘上的 T/B 按键置于"DISABLE",将控制器的【MODE】开关置于"AU-TOMATIC"。

2)按压操作盘上的【CHANG DISP】按钮,在 STATUS NUMBER 显示中显示"手工变动",按压【DOWN】按钮,设置为30%。

3）按压操作盘上的【CHANG DISP】按钮，在 STATUS NUMBER 显示中显示"程序编号"，按压【UP】按钮或【DOWN】按钮，显示自动运行的对象程序编号。

4）按压【SVO ON】开关，置于伺服 ON 后，绿色的指示灯将亮起。

5）按压【START】按钮，开始自动连续运行。

5．AGV 上电初始化复位操作

1）打开 Robotino，待 Robotino 启动后，信号柱绿灯常亮，红灯闪烁。

2）打开计算机中的 Robotino Factory，连接上 Robotino，将需要校准位置的 Robotino 在地图中移动到与现实相匹配的位置上，然后显示真实激光轨迹，微调 Robotino 的位置，直到真实激光轨迹与激光地图的轮廓相匹配，则确定该位置为 Robotino 当前位置即可。

3）打开 Fleet Manager，把需要控制的 Robotino 勾选上，然后单击 Manual 按钮；手动控制 Robotino 回到就近的位置上，选择 Go to Position 后面填上就近的点位，然后单击 Excute 按钮使 Robotino 回到等待位置，最后单击 Automatic 按钮即可。

5.4.4 智能工厂的操作模式

1．智能工厂的操作模式

在智能工厂中有两种操作模式，分别是 Default 模式和 MES 模式，如图 5-20 所示。

1）Default 模式为默认自定义模式，在这种模式下，可以自己定义参数，工作单元可以独立工作，完成相应的指令。

2）MES 模式是指在 MES 下运行的模式，在这种模式下，参数则由计算机中的 MES 进行控制。

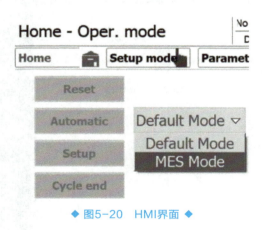

◆ 图5-20　HMI界面 ◆

2．切换操作模式

Default 模式和 MES 模式能够在 HMI 触控屏上相互切换，如图 5-21 所示。

1）从 Default 模式切换到 MES 模式：先单击 Reset 按钮，对当前工作站进行复位，当复位成功后选择 MES 模式，再单击 Automatic 按钮后，工作站进入 MES 模式，如图 5-21 所示。

2）从 MES 模式切换到 Default 模式：先单击 Cycle end 按钮，选择 Default 模式，单击 Setup 按钮后，工作站进入 Default 模式。

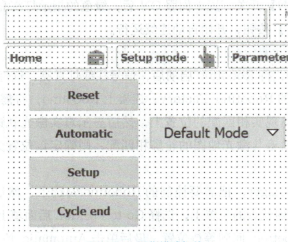

◆ 图5-21 操作模式切换 ◆

5.4.5 智能工厂的Default模式

1．Default 模式下的参数设置

1）在 Default 模式下，可以对小车当前的 RFID 编号进行读取以及初始化，勾选初始化（Carrier init）选项时，则可以对 RFID 编号进行初始化，在 Number Set 下可以设置初始化次数，Act 为实际已经完成的初始化数量，如图 5-22 所示。

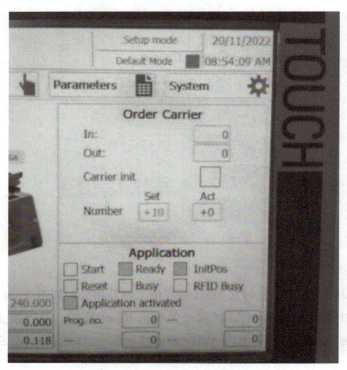

◆ 图5-22 Default模式下的参数设置 ◆

2）在 Default 模式下，可以设置当前工作站的状态，包括 Start、Ready、InltPos、Reset、Busy、Application activated。

2. Default 模式下的点动控制

1）在智能工厂中，每个工作单元的 HMI 中都有对应的点动控制界面。

2）当立体仓库进入 Default 模式后，单击 HMI 上相应按钮就能控制设备动作。如 X- 和 X+ 键可控制伺服沿 X 轴方向移动，如图 5-23 所示。

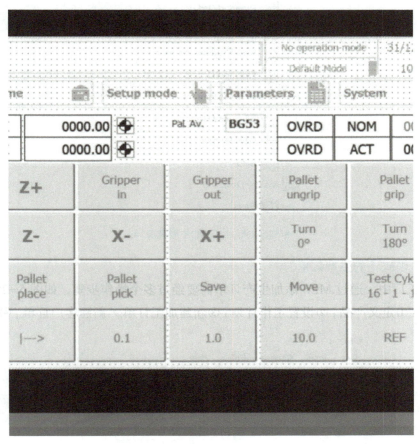

◆ 图5-23　立体仓库的点动控制界面 ◆

5.4.6　智能工厂的MES模式

1. MES 的主要模块

在 MES 中，如图 5-24 所示，软件的主要功能分为 4 个模块，分别如下：

1）Production Control：查看生产状态。

2）Order Management：订单管理、订单创建、查看计划和实际订单。

3）Quality Management：查看不同的工作站和已完成订单的效率报告。

4）Master Data：能够添加、配置、删除系统中的工件、工作计划、工作站等。

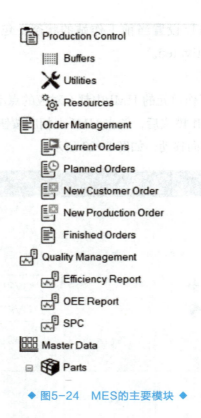

◆ 图5-24 MES的主要模块 ◆

2．MES 模式下的生产订单

在智能工厂中，通过 MES 添加生产订单需要经过多个操作步骤，如图 5-25 所示，下单步骤如下：①定义产品；②设置工作计划；③新建加工订单／新建客户订单；④执行订单。

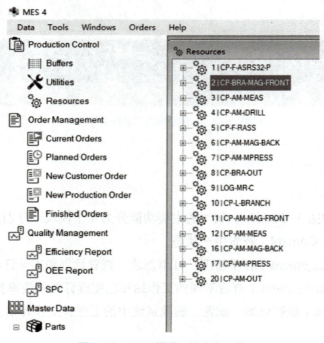

◆ 图5-25 MES模式下的生产订单 ◆

5.4.7 智能工厂的急停操作流程

1. 传输单元的急停操作

急停按钮是传输单元上的按钮，如图 5-26 所示，当工作设备出现意外时，能够通过拍下急停按钮来使得整个设备停止运行，防止造成伤害。

急停操作的流程：①观察产线是否发生危险情况；②发生危险时快速拍下最近的急停开关；③查看并记录产线上的危险因素；④分析危险因素并清除；⑤复位急停开关。

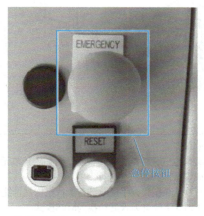

◆ 图5-26 传输单元的急停按钮 ◆

2. AGV 小车的急停按钮

AGV 小车上有急停按钮，如图 5-27 所示，当 AGV 出现意外时，能够通过拍下急停按钮来使得 AGV 停止运行，防止造成伤害。

在 AGV 移动时，人员要与 AGV 保持一定距离。当 AGV 到分支单元接送小车时，注意 AGV 位置是否合适。

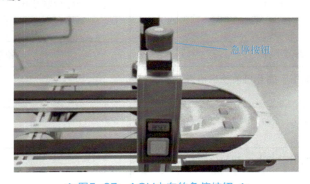

◆ 图5-27 AGV小车的急停按钮 ◆

5.4.8 智能工厂生产线操作说明书

操作说明书			
课程	智能工厂综合实训	项目	智能工厂生产线的操作
班级		时间	
姓名		学号	
名称	内容		
生产线图片	图中标注：AGV、机器人装配单元、后盖单元、前盖单元、立体仓库、钻孔单元、检测单元、压紧单元、输出单元		
操作说明	1. 开机前物料检查，确保料仓有物料、运输带上面无杂物等。 2. 开机前电气检查，确保电气设备都在最初状态，比如压紧单元中上升气缸需在上升位置。 3. 上电初始化流程，确保按照正常流程进行上电。 4. 将智能生产线切换至Default模式，手动验证各执行机构是否能正常工作。 5. 智能生产线在Default模式下验证无误后切换为MES模式。 6. 在智能生产线运行的过程中遇到紧急情况要进行急停操作。		
备注			

▶ 5.5 任务评价

任务评价表					
课程	智能工厂综合实训	项目	智能工厂生产线的操作	姓名	
班级		时间		学号	
序号	评测指标	评分	备注		
1	能够完成智能工厂的开机前物料检查（0-5分）				
2	能够完成智能工厂的开机前电气检查（0-5分）				
3	能够完成智能工厂的上电初始化操作（0-5分）				
4	能够完成智能工厂MES模式切换（0-5分）				
5	能够完成智能工厂Default模式切换（0-5分）				

（续）

任务评价表

序号	评测指标	评分	备注
6	能够完成智能工厂的急停操作（0–5分）		
7	具备安全用电的意识和自我保护的意识（0–10分）		
8	具备团队协作精神（0–10分）		
9	具备良好的沟通能力（0–10分）		
10	具备良好的风险意识（0–10分）		
11	能够完成智能工厂操作说明书的撰写（0–30分）		
	总计		
综合评价			

▶ 5.6 任务拓展

工业机器人的应用领域正在不断扩大。除了汽车制造和电子组装行业，工业机器人还广泛应用于食品加工、医药生产和物流仓储等领域。例如：机器人在食品加工中能够提高操作的卫生条件，增加生产安全性；在医药生产中，机器人能够精确进行药物配制，保证了产品的质量。因此对机器人的编程要求也越来越高，现结合知识准备中有关机器人的编程知识，根据项目工艺要求完成机器人程序的编写。

工艺流程如图5-28所示。

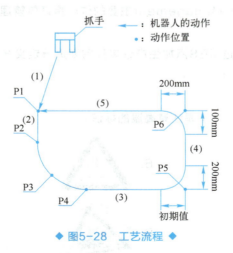

◆ 图5-28 工艺流程 ◆

1）以关节插补向 P1 移动，同时开启机器人抓手信号。

2）到达 P1 位置后将连续动作设为有效（此后的移动会变为连续动作）。

3）直线动作到 P2 为止，并连续进行圆弧动作到 P4 为止。

4）连续进行圆弧动作后向 P5 直线动作。

5）将连续动作的起点接近距离设定为 200mm，终点接近距离设定为 100mm。

6）连续移动至上述的 P5 后，向 P6 直线动作，到达目标位置 P6 后，以直线运动至 P1 同时关闭机器人抓手信号。

7）机器人移至 P1 位置后将连续动作设为无效，关闭机器人程序。

> **科学人文素养**
>
> 严肃认真、周到细致，是周恩来总理对国防科技工作者的寄语，同时也是周恩来精神的具体内容。在对智能工厂进行操作时同样要发扬这种精神，要遵守智能工厂安全操作的规程。在产线运行之前，要仔细检查设备的安全情况；在产线操作时要做到严肃认真、周到细致。

▶ 5.7 练习题

一、判断题

1．料仓单元的物料只有在摆放的位置是正确的时候，前盖和后盖才能在压紧单元组成工件成品。（　　）

2．在产线开机前，对钻孔单元进行产线检测时要确保钻头处于其上端的位置。（　　）

3．复位操作是程序复位，目的是将程序和设备上的信号复位到初始化状态。（　　）

4．在 MES 中，Order Management 主要的作用是订单管理、订单创建、查看计划和实际订单。（　　）

5．在智能工厂中，通过 MES 添加生产订单仅需要进行定义产品、设置工作计划、新建加工订单/新建客户订单即可。（　　）

二、单项选择题

1．下列安全标识中（　　）是注意高温的标识。

A. 　　B.

C. 　　D.

2．人体发生触电后，根据电流通过人体的途径及人体触及带电体方式，一般可分为单相触电、两相触电及（　　　）。

  A．三相触电   B．跨步电压触电

  C．直接触电   D．间接触电

3．使用消防灭火器时，人应该站立在大火的（　　　）。

  A．上风口   B．下风口

  C．左侧   D．右侧

4．扑救可燃气体火灾，应该用（　　　）灭火。

  A．泡沫灭火器   B．水

  C．干粉灭火器   D．二氧化碳灭火器

三、简答题

1．在MES中，软件的主要功能分为哪几个模块？它们分别有什么功能？

2．在智能工厂中有几种操作模式？它们有什么区别？它们的作用分别是什么？

PROJECT 6
项目 ⑥
智能工厂生产线的安装

▶ 6.1 项目描述

6.1.1 工作任务

智能工厂使用数字孪生技术对生产线进行整体数字化升级,需要通过虚拟世界的模型、数据和算法进行优化、迭代,对现实状态进行预测,从而通过虚拟世界对现实世界产生影响,为真实生产线的生产提供优化分析和调度指挥。本项目主要任务是完成智能工厂生产线的安装工作。通过熟悉智能工厂的结构和布局,了解传感器、气缸、电磁阀等关键元器件的安装注意事项,来完成智能工厂机器人装配单元的安装工作。本项目以智能工厂机器人装配单元为例,在 Process Simulate 中完成机器人装配单元的安装工作,最后提交组装过程的仿真动画。图6-1所示为智能工厂机器人装配单元。

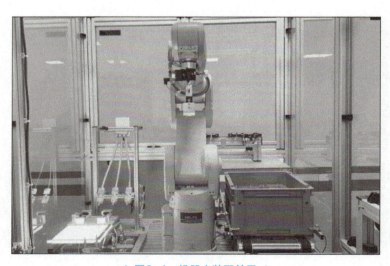

◆ 图6-1 机器人装配单元 ◆

6.1.2 任务要求

1．借助 Process Simulate 软件完成对机器人装配单元模型的加载。
2．实施机器人装配单元模型设备分类、运动学创建以及姿态创建。
3．完成机器人装配单元的整体装配并制作最终的仿真动画。

6.1.3 学习成果

在了解了智能工厂主要结构组成后，通过学习掌握智能工厂中的关键传感器、气缸等电气元件的主要功能和安装方法，完成智能工厂的三维建模及其仿真验证。

6.1.4 学习目标（图6-2）

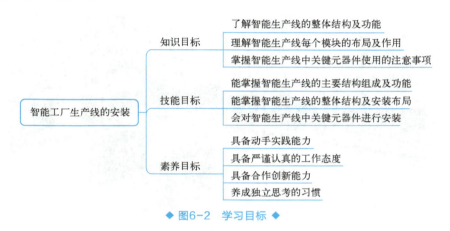

◆ 图6-2 学习目标 ◆

▶ 6.2 工作任务书

在工作过程中，请结合表 6-1 中的内容了解本项目的任务和关键指标。

表6-1 智能工厂生产线的安装任务书

任务书				
课程	智能工厂综合实训	项目	智能工厂生产线的安装	
姓名		班级		
时间		学号		
任务	完成智能工厂机器人装配单元的Process Simulate模型装配，并以仿真动画的形式呈现			
项目描述	本项目主要任务是完成智能工厂的安装工作。通过熟悉智能工厂的结构和布局，了解传感器、气缸、电磁阀等关键元器件的安装注意事项，来完成智能工厂机器人装配单元的安装工作。以智能工厂机器人装配单元为例，在Process Simulate中完成机器人装配单元的安装工作，最后提交组装过程的仿真动画			
关键指标	1．认识智能工厂的整体结构 2．可以充分了解元件的安装布局和功能 3．掌握电气图样的识读方法 4．学会常见的接线工艺 5．掌握智能工厂的三维建模			

▶ 6.3 知识准备

6.3.1 智能工厂主要部件的结构

图 6-3 所示为智能工厂整体图，工厂的主要部件的结构如下：

1）机械：立体仓库、前盖单元、检测单元、钻孔单元、机器人装配单元、后盖单元、压紧单元、传输单元和输出单元。

2）传感器：光电传感器、电感传感器、电容传感器、距离传感器和磁性开关。

3）控制元器件：两位五通单电控电磁阀、两位三通单电控电磁阀、单向节流阀和西门子 S7-1500PLC 等。

6-1 知识准备

◆ 图6-3 智能工厂 ◆

6.3.2 传感器安装的注意事项

1. 对射传感器

对射传感器的功能和在此处的作用：一个发光器和一个收光器位于两侧，正常情况下发光器发出的光会被收光器收到。当检测物通过时，把光挡住，收光器就收不到光信号，同时传感器输出一个信号变化。54B2 用于探测小车上是否存在托盘，54B1 用于探测托盘上是否存在工件。

对射传感器安装时的注意事项如下：

1）确保接线是准确的。安装对射传感器需提供正确的供电电源，一定要注意电源的正负极，一般的红色（棕色）线代表正极，蓝色线代表负极，如果接反会损坏对射传感器。

2）确保安装时位置的准确性。在进行安装时，要确保发光器和收光器对射时在同一水平线上，同时确保发光器和收光器对射时不出现信号闪烁，如果出现闪烁说明发光器或收光器表面有污渍，要及时用干的抹布擦拭干净。

2. 运输小车检测处传感器

（1）传感器的属性和作用

运输小车检测处传感器共分为四部分，分别是 RFID 传感器、电感传感器、电磁感应传感器和阻隔器，如图6-4、图6-5所示。

◆ 图6-4　真实生产线中运输小车检测处传感器 ◆

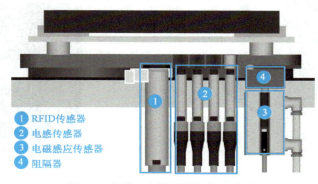

◆ 图6-5　运输小车检测处传感器示意图 ◆

1）RFID传感器：读／写此时运输小车的信息即标签数据，反馈到外部PLC之中，PLC根据反馈的数据进行逻辑判断。

2）电感传感器：感知运输小车运输是否到位。当传感器为高电平时，运输小车运输到位；当传感器为低电平时，运输小车没有运输到位。

3）电磁感应传感器：当电磁感应传感器为高电平时，说明阻隔器下降到位；当电磁感应传感器为低电平时，说明阻隔器没有下降到位。

（2）传感器安装时的注意事项

1）确保接线是准确的。此处的四种传感器都是使用直流供电电源，要保证正负极勿接反，一旦接反会对传感器造成损坏。

2）安装位置要准确。

① 安装时要保证传感器与运输小车不要发生干涉，如果发生干涉会影响传感器的使用寿命，同时传感器与运输小车也不能相距太远，若太远则传感器不能检测到运输小车。

② 安装前先把阻隔器气缸活塞杆固定在检测姿态（伸出或缩回），当磁性传感器信号灯亮起且稳定时，此位置即是安装位置。安装时拧紧卡扣的力矩要适当，力矩过大会损坏开关，力矩太小会使开关的位置出现偏移。

3. 激光测距传感器

(1) 激光测距传感器的作用

1) 图6-6所示激光测距传感器的型号为SQEL-RTD-Q50，主要进行模拟量的测试，比如高度、厚度等距离测试。此款型号的传感器测量范围为80～300mm，模拟量为4～20mA，工作电压为DC 16～30V(±10%)，开关频率为100Hz，防护等级为IP67，工作温度为-10～60℃，外壳材料为ABS。附件为：2m长电缆／插头，型号为SIM-M12-8GD-2-PU，安装支架为SOEZ-HW-Q50。

2) 结合生产线得出：激光测距传感器的主要作用是测量物料前盖中间凹槽部分的高度差，如图6-7所示前盖①、②部分。如果前盖的放置顺序颠倒，则激光测距传感器将测量结果反馈至PLC，PLC做出逻辑判断。

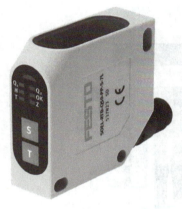

◆ 图6-6　激光测距传感器 ◆

◆ 图6-7　CP前盖 ◆

(2) 激光测距传感器的安装注意事项

1) 确保接线是准确的。

① 此传感器的供电电源为直流供电电源，因此要确保正负极勿接反，一旦接反会对传感器造成损坏。

② 供电电源一定保证是直流供电，并且保证供电电压在正常值范围内。

2) 安装环境是符合要求的。

① 安装温度保证在-10～60℃之间。

② 保证安装环境的防护等级在IP67以上。

③ 安装环境不能太潮湿，否则会影响使用寿命。

3) 必须进行机械调整。

① 将传感器的距离调整到适合工作范围的调色板。

② dBG2/dBG3必须在80～300mm的工作范围内，如图6-8所示。

③ 对于反射性很强的物体，传感器必须以大约与Z轴成5°的角度安装。

④ 在进行电气设置之前，请务必先进行机械调整。

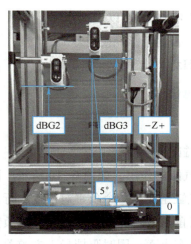

◆ 图6-8 激光测距传感器的安装 ◆

4．电容传感器

（1）传感器的作用

如图6-9所示，电容传感器的品牌为BERNSTEIN，额定工作电压范围为DC 10～36V，额定工作电流小于或等于200mA，开关频率最大为25Hz，短路保护循环，环境温度为-25～70℃，防护等级符合IEC529、IP65。

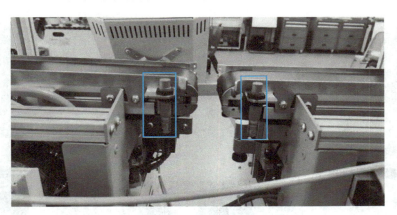

◆ 图6-9 电容传感器 ◆

在实际的智能工厂中，电容传感器起到的作用是检测运输小车是否已到达目标工作站／是否远离目标工作站。电容传感器可检测金属、非金属、白色等各种物料。

（2）电容传感器的安装注意事项

1）确保接线是准确的。

① 此传感器的供电电源为直流供电电源，因此要确保正负极勿接反，一旦接反会对传感器造成损坏。

② 供电电源一定保证是直流供电，并且保证供电电压在正常值范围内。

2）安装环境是符合要求的。

① 安装温度保证在-25～70℃之间。

② 保证安装环境的防护等级在 IP65 以上。

③ 安装环境不能太潮湿，否则会影响使用寿命。

④ 开关频率不能超过 25Hz。

6.3.3 气缸安装的注意事项

1. 智能工厂料仓单元的气缸

（1）智能工厂料仓单元气缸的作用

1）单向流量控制阀分离气缸的作用。如图 6-10 所示，图中①为单向流量控制阀分离气缸。此部分由两个单作用气缸组成，一个负责对前盖放行，一个负责对前盖阻挡。当运输小车到达目标位置后，负责前盖放行的气缸打开，同时负责阻挡前盖的气缸打开，这样最下方的前盖就下落至运输小车上面，同时阻挡最下方前盖上方的前盖下落。此工作站对运输小车放行后，负责对前盖放行的气缸关闭，负责对前盖阻挡的气缸关闭，这样前盖下落至放行区，等待下一辆运输小车的到来。

2）单向流量控制阀提升气缸的作用。如图 6-10 所示，图中②为单向流量控制阀提升气缸。该提升气缸的作用：当运输小车到达目标位置后，提升气缸动作，将料仓下落至合适位置；当运输小车驶离该工作站后，提升气缸动作，将料仓提升至原来的位置。

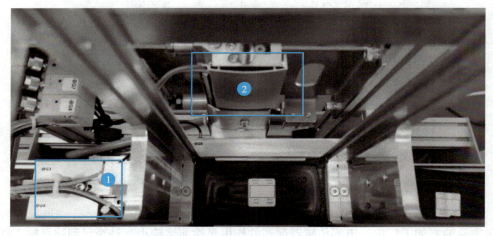

◆ 图6-10 智能工厂气缸——料仓单元 ◆

（2）气缸安装的注意事项

1）压缩空气供应的正确配合和状况。

2）关于可见故障（裂缝、松动连接等）的机械组件的检查。

3）电气连接是否准确，特别是与电磁阀之间的连接是否准确。

4）无论采用何种安装形式都要保证缸体不变形。

5）气缸安装完成后，在工作压力范围内，无负载情况下运行 2～3 次，检查气缸是否正常运作。

2. 输出单元气缸的功能作用和安装注意事项

（1）气缸的作用

如图 6-11 所示，图中①为小型滑台式气缸，Z 轴控制气缸为双作用气缸，其最大工作压力为 $8×10^5$Pa，环境温度为 $0～60℃$，其主要作用是控制下方平行气爪的上升与下降。

如图 6-11 所示，图中②为平行气爪，此项目中平行气爪为单作用，当有气源输入时，平行气爪打开；当无气源输入时，平行气爪关闭。

（2）气缸安装的注意事项

1）压缩空气供应的正确配合和状况，压缩空气要符合 ISO 8573-1:2010[7:4:4] 标准。

2）关于可见故障（裂缝、松动连接等）的机械组件的检查。

3）电气连接是否准确，特别是与电磁阀之间的连接是否准确。

4）无论采用何种安装形式都要保证缸体不变形。

5）气缸安装完成后，在工作压力范围内，无负载情况下运行 $2～3$ 次，检查气缸是否正常运作。

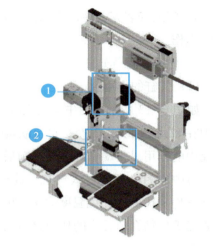

◆ 图6-11 智能工厂气缸——输出单元 ◆

3. 压紧单元气缸的功能作用和安装注意事项

（1）气缸的作用

如图 6-12 所示，图中①为导向杆气缸，此导向杆气缸行程可达 200mm，是双作用气缸。此气缸可以使用润滑介质，但是之后须始终使用润滑介质，在智能工厂压紧单元中主要用来压合后盖，可将前、后盖压紧在一起。

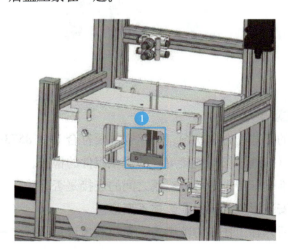

◆ 图6-12 智能工厂气缸——压紧单元 ◆

(2) 气缸安装的注意事项

1) 压缩空气供应的正确配合和状况，压缩空气要符合 ISO 8573-1:2010[7;4;4] 标准。

2) 关于可见故障（裂缝、松动连接等）的机械组件的检查。

3) 电气连接是否准确，特别是与电磁阀之间的连接是否准确。

4) 无论采用何种安装形式都要保证缸体不变形。

5) 气缸安装完成后，在工作压力范围内，无负载情况下运行 2～3 次，检查气缸是否正常运作。

4. 钻孔单元气缸的功能作用和安装注意事项

(1) 气缸的作用

如图 6-13 所示，图中①为无杆气缸，此气缸是双作用气缸，活塞直径为 12mm，工作压力在 $(2.5～8)×10^5$Pa，符合欧盟防爆标准，环境温度为 $-10～60℃$，在智能工厂钻孔单元中的作用是带动钻孔电动机前后移动。

图中②为小型滑台式气缸，此气缸是双作用气缸，最大速度为 0.8m/s，工作压力为 $(1.5～8)×10^5$Pa，环境温度为 $0～60℃$，可用润滑介质工作，但之后须一直用润滑介质工作，在智能工厂钻孔单元中的作用是带动钻孔电动机上下移动，进而模拟真实钻孔动作。

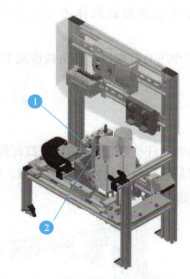

◆ 图6-13 智能工厂气缸——钻孔单元 ◆

(2) 气缸安装的注意事项

1) 压缩空气供应的正确配合和状况，压缩空气要符合 ISO 8573-1:2010[7;4;4] 标准。

2) 关于可见故障（裂缝、松动连接等）的机械组件的检查。

3) 电气连接是否准确，特别是与电磁阀之间的连接是否准确。

4) 无论采用何种安装形式都要保证缸体不变形。

5) 气缸安装完成后，在工作压力范围内，无负载情况下运行 2～3 次，检查气缸是否正常运作。

5. 立体库单元气缸的功能作用和安装注意事项

（1）气缸的作用

图 6-14 所示气缸为无杆气缸。此类气缸一般是通过活塞直接或间接连接外部导轨，在气体压力作用下，活塞带动其负载进行往复运动。其作用是实现运料机构在 Y 轴上的运动。

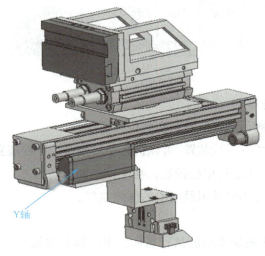

◆ 图6-14 智能工厂气缸——立体库 ◆

（2）气缸安装的注意事项

1）在行程末端加装缓冲装置。

2）确保负载在允许范围之内。

3）使用带有润滑的介质。

4）连接的气源压力范围为 $(2\sim8)\times10^5\text{Pa}$（建议 $6\times10^5\text{Pa}$）。

5）压缩空气供应的正确配合和状况，压缩空气要符合 ISO 8573-1:2010[7:4:4] 标准。

6）关于可见故障（裂缝、松动连接等）的机械组件的检查。

7）电气连接是否准确，特别是与电磁阀之间的连接是否准确。

8）无论采用何种安装形式都要保证缸体不变形。

9）气缸安装完成后，在工作压力范围内，无负载情况下运行 2~3 次，检查气缸是否正常运作。

6.3.4 电磁阀安装的注意事项

1．智能工厂的阀岛

（1）阀岛的作用

图 6-15 所示为阀岛。阀岛是由多个电控阀构成的控制元器件，它集成了电信号传输和气源供给功能，犹如一个控制岛屿，在电缆和气路安装上节省了大量空间。该阀岛体积小、输出流量大，可提供 4~16 个阀位。其作用是为工作站的气动元件提供可控的动力。

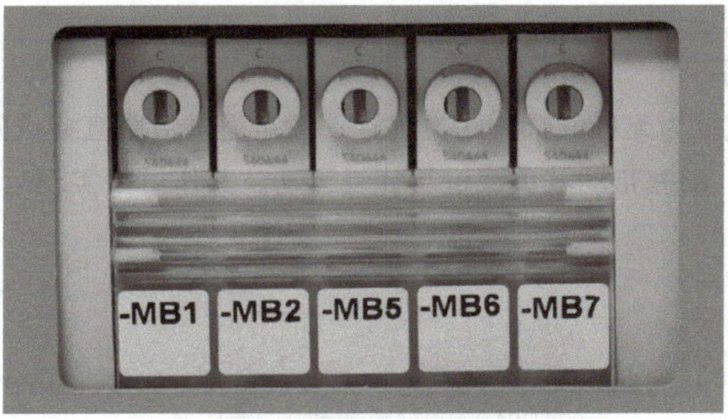

◆ 图6-15 阀岛 ◆

（2）阀岛安装的注意事项

1）可兼容两位五通阀、两位三通阀和两位两通阀。

2）用针或螺钉旋具按下手控装置，可以进行手动控制。手控装置通过弹簧力自动复位。但是在手动控制的同时禁止进行电控控制，在电控控制时同理。

3）使用该阀岛时尽量不要采用经润滑的压缩空气。

2. 智能工厂的电磁阀

在工业设备中，电磁阀是常用的执行器件。电磁阀是通过电控制气，继而通过气控制气缸（或其他器件）的常用器件，如图6-16所示。

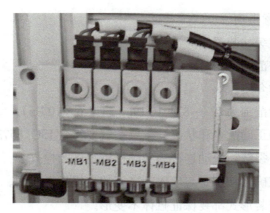

◆ 图6-16 电磁阀 ◆

（1）电磁阀的作用

1）电磁阀的参数：工作电压 DC 24V，工作压力 $(0 \sim 8) \times 10^5$ Pa，最大开关频率20Hz，自带公共排气通道。

2）电磁阀在此处的功能作用：首先明确 MB1、MB2、MB3、MB4 代表四个电磁阀，MB1、MB2、MB3 属于两位三通电磁阀，MB4 属于两位五通电磁阀，每个电磁阀都有公共排气通道。其主要作用是控制气路的导通。MB1 电磁阀的作用是控制平行气爪的上升，MB2 电磁阀的作用是控制平行气爪的下降，MB3 电磁阀的作用是控制锁定装置的开启和关闭，MB4 电磁阀的作用是控制平行气爪的打开和关闭。

(2）电磁阀安装的注意事项

1）严禁击打碰撞电磁阀的线圈、插座、电磁管及连接部分，以免损坏。

2）电磁阀的实际电源电压不能超出规定范围。

3）必须保证气源洁净，以防堵塞电磁阀或气缸活塞。

4）电磁阀的线圈带电时，禁止取下，以防止触电。

5）电磁阀的线圈带电正常工作时发热较高，请勿触摸。

6.3.5 主要元器件的电气识图流程

电气符号主要包括文字符号、图形符号、项目代号和回路标号等。在绘制电气图时，所有电气设备和电气元件都应使用国家统一标准符号。要想看懂电气图，就应了解各种电气符号的含义、标准原则和使用方法，充分掌握由图形符号和文字符号所提供的信息，才能正确地识图，如图6-17所示。

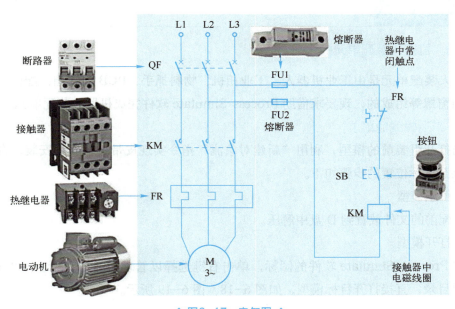

◆ 图6-17 电气图 ◆

电气图识读步骤如下：

1）查看图样说明，阅读图样的主标题栏和有关说明，结合已有的电工知识，对该电气图的类型、性质、作用有一个明确的认识，从整体上理解图样的概况和所要表述的重点。

2）查看有哪些图形符号和文字符号，了解电路图各部分的作用。

3）分清主电路和控制电路，按照先看主电路，再看控制电路的顺序看图。

4）看主电路时，通常要从下往上看，即先从用电设备开始，经控制电气元件，顺次往电源端看。

5）看控制电路时，一般自上而下、从左至右看，即先看电源来向，再顺次看各条支路，分析各条支路电气元件的工作情况及其接线方法，同时注意电气与机械机构的连接关系。

6.3.6 智能工厂的接线工艺

1. 接线工艺的注意事项

1) 根据导线线径打印合适管径的线号管。
2) 套线号管时线号朝向要符合规范。
3) 选用合适的剥线钳钳口。
4) 剥出的铜线长度以能被压片压牢又不裸露在外为准,且不得损坏绝缘皮和线芯。
5) 导线插入接线端子时确保线芯全部插入,不能有毛刺裸露在外。
6) 压线时不能压到绝缘皮,且确保紧固,不能用手轻易拔下。

2. AB 法接线

AB 法接线即套线号管时,线号用于标识导线另一端连接的用电器,查线时可根据线号直接找到另一端的用电器。

6-2 任务实施

▶ 6.4 任务实施

6.4.1 机器人装配单元的装配

机器人装配单元是由工业机器人、工业相机、物料抓手、PCB 周转箱、配件保险、运输带和门窗罩等组成的,现要求借助 Process Simulate 软件完成机器人装配单元的组装。

1. 皮带运输线的组装

首先打开组装前的模型,利用"新建对象流"指令实现皮带运输线的安装。将皮带运输线安装至目标位置的步骤如下。

(1) 解压模型

将装配前的文件放置到 D 盘中解压。

(2) 打开模型

选中 Process Simulate 软件的图标,单击右键选择以管理员身份运行。软件打开后,设置完根目录,直接打开目标模型,如图 6-18、图 6-19 所示。

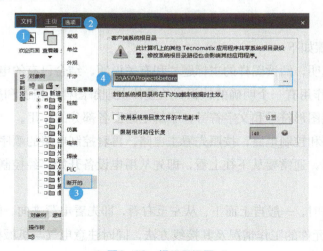

◆ 图 6-18 根目录设置 ◆

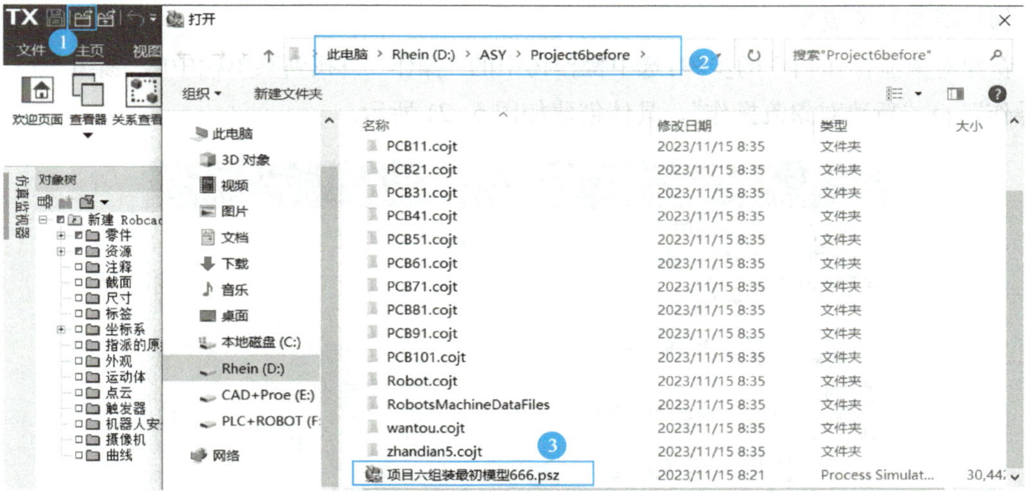

◆ 图6-19 打开模型 ◆

(3) 新建复合操作指令

新建复合操作指令的步骤：选中操作树中的"操作"→找到菜单栏中的"操作"→"新建操作"→"新建复合操作"，具体创建如图6-20所示。

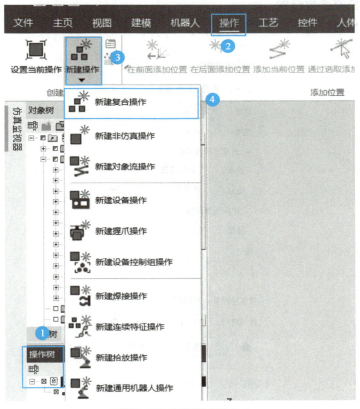

◆ 图6-20 新建复合操作 ◆

(4) 新建对象流操作

新建对象流操作指令的步骤：选中操作树中的"操作"→找到菜单栏中的"操作"→"新建操作"→"新建对象流操作"，具体创建如图 6-21 所示。

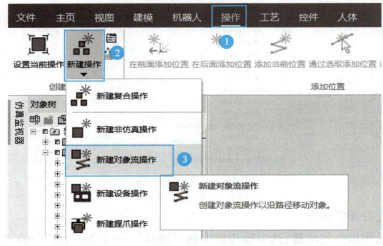

◆ 图6-21 新建对象流操作 ◆

(5) 新建对象流参数设置

新建对象流参数设置如图 6-22 所示。

◆ 图6-22 新建对象流参数设置 ◆

(6) 新建对象流操作编辑

在创建完对象流操作指令后，需对其进行编辑才能够将皮带运输线进行安装。对象流操作的编辑需放置在"路径编辑器"中，选中左侧"皮带运输线组装"拖至右侧"路径编辑器"中,如图 6-23 所示。

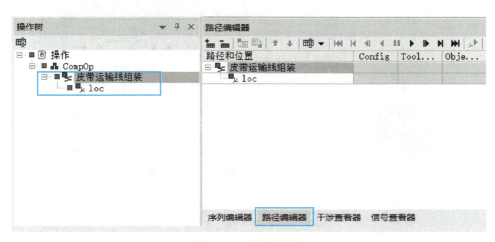

◆ 图6-23 对象流编辑 ◆

(7)"添加位置"指令的应用

要想实现皮带运输线的移动,需用到"添加位置"指令,根据实际情况进行选择。皮带运输线需向右移动 800mm,因此需在位置 loc 后面添加位置,如图 6-24、图 6-25 所示。

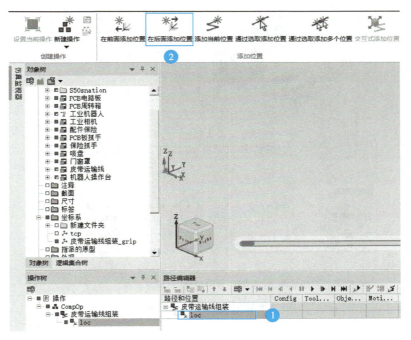

◆ 图6-24 添加位置 ◆

(8)仿真验证

在完成所有位置修改后,进行仿真验证,如图 6-26 所示。

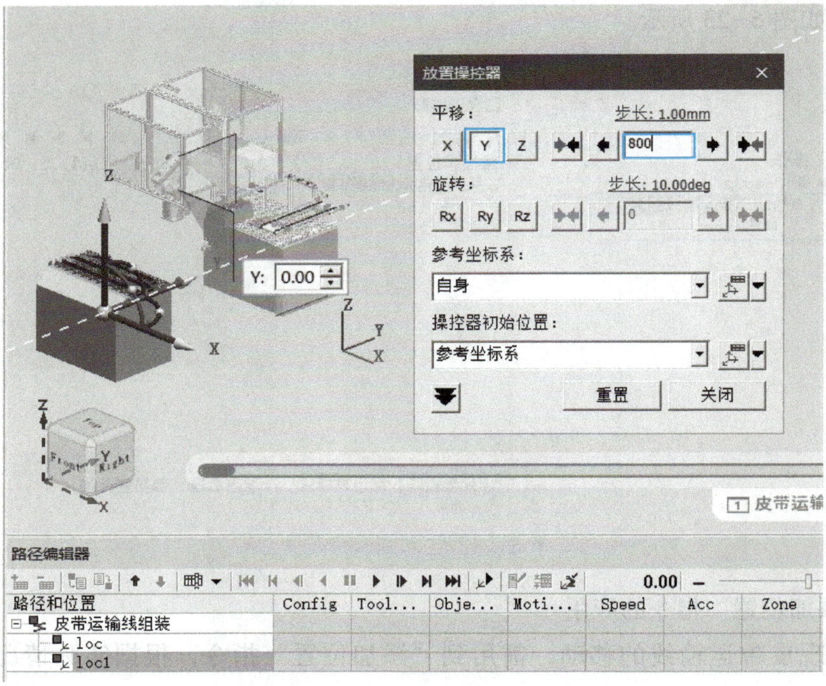

◆ 图6-25 目标位置设置 ◆

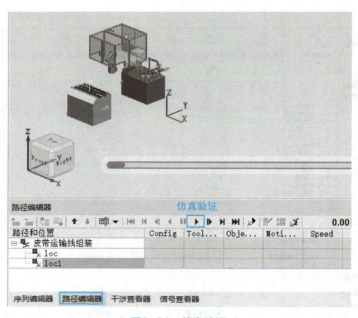

◆ 图6-26 仿真验证 ◆

2．机器人操作台的安装放置

（1）新建对象流操作

新建对象流操作指令的步骤：选中操作树中的"操作"→找到菜单栏中的"操作"→"新建操作"→"新建对象流操作"，具体创建步骤参照图6-21所示新建对象流操作。

(2) 新建对象流参数设置

具体创建步骤参照图 6-22 所示新建对象流参数设置。

(3) 新建对象流操作编辑

在创建完对象流操作指令后，需对其进行编辑才能够将机器人操作台进行安装。对象流操作的编辑需放置在"路径编辑器"中，选中左侧"机器人操作台组装"拖至右侧"路径编辑器"中，如图 6-27 所示。

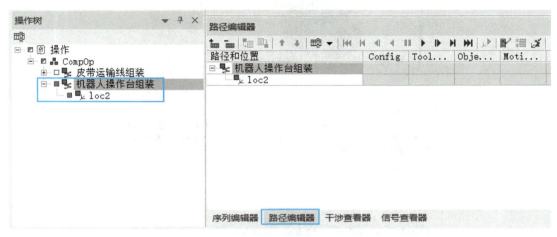

◆ 图6-27 对象流编辑 ◆

(4) "添加位置"指令的应用

要想实现机器人操作台的移动，需用到"添加位置"指令，根据实际情况进行选择。

机器人操作台需向左移动 800mm，因此需在位置 loc2 后面利用"添加位置"指令实现位置添加，如图 6-28 所示。

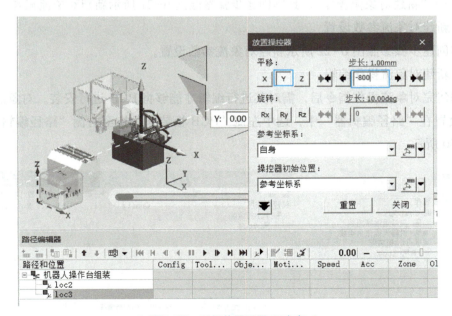

◆ 图6-28 目标位置设置-Y方向 ◆

(5) 仿真验证

在完成所有位置修改后,进行仿真验证,如图6-29所示。

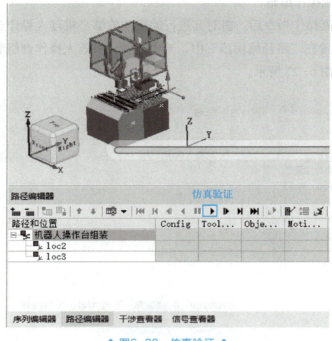

◆ 图6-29 仿真验证 ◆

3. PCB 的安装放置

(1) 新建对象流操作

新建对象流操作指令的步骤:选中操作树中的"操作"→找到菜单栏中的"操作"→"新建操作"→"新建对象流操作",具体创建步骤参照图6-21所示新建对象流操作。

(2) 新建对象流参数设置

具体创建步骤参照图6-22所示新建对象流参数设置。

(3) 新建对象流操作编辑

在创建完对象流操作指令后,需对其进行编辑才能够将PCB进行安装。对象流操作的编辑需放置在"路径编辑器"中,选中左侧"PCB板装配"拖至右侧"路径编辑器"中,如图6-30所示。

◆ 图6-30 对象流编辑 ◆

(4)"添加位置"指令的应用

要想实现 PCB 的移动,需用到"添加位置"指令,根据实际情况进行选择。PCB 需向下移动 200mm,因此需在位置 loc4 后面利用"添加位置"指令实现位置添加,如图 6-31 所示。

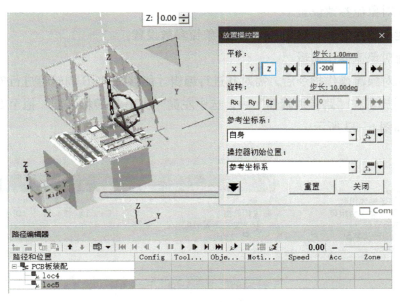

◆ 图6-31 目标位置设置 ◆

(5)仿真验证

在完成所有位置修改后,进行仿真验证,如图 6-32 所示。

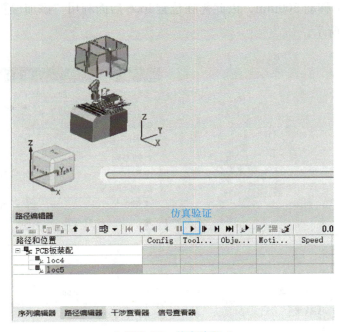

◆ 图6-32 仿真验证 ◆

4. PCB周转箱的安装放置

(1) 新建对象流操作

新建对象流操作指令的步骤：选中操作树中的"操作"→找到菜单栏中的"操作"→"新建操作"→"新建对象流操作"，具体创建步骤参照图6-21所示新建对象流操作。

(2) 新建对象流参数设置

具体创建步骤参照图6-22所示新建对象流参数设置。

(3) 新建对象流操作编辑

在创建完对象流操作指令后，需对其进行编辑才能够将PCB周转箱进行安装。对象流操作的编辑需放置在"路径编辑器"中，选中左侧"PCB周转箱装配"拖至右侧"路径编辑器"中，如图6-33所示。

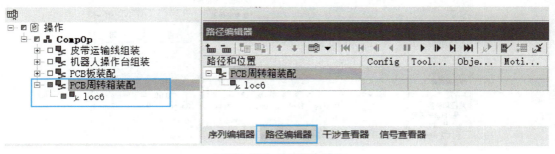

◆ 图6-33 对象流编辑 ◆

(4) "添加位置"指令的应用

要想实现PCB周转箱的移动，需用到"添加位置"指令，根据实际情况进行选择。PCB周转箱需向下移动300mm，因此需在位置loc6后面利用"添加位置"指令实现位置添加，如图6-34所示。

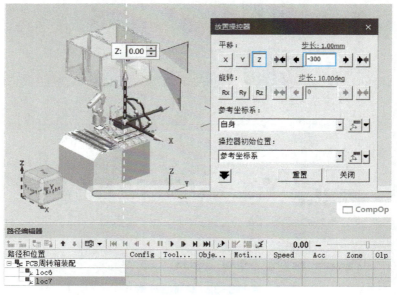

◆ 图6-34 目标位置设置 ◆

（5）仿真验证

在完成所有位置修改后，进行仿真验证，如图6-35所示。

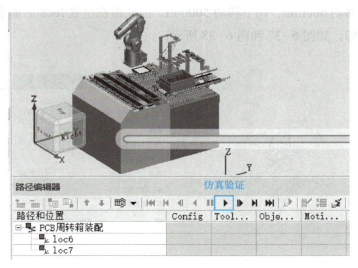

◆ 图6-35 仿真验证 ◆

5．工业机器人的安装放置

（1）新建对象流操作

新建对象流操作指令的步骤：选中操作树中的"操作"→找到菜单栏中的"操作"→"新建操作"→"新建对象流操作"，具体创建步骤参照图6-21所示新建对象流操作。

（2）新建对象流参数设置

具体创建步骤参照图6-22所示新建对象流参数设置。

（3）新建对象流操作编辑

在创建完对象流操作指令后，需对其进行编辑才能够将工业机器人进行安装。对象流操作的编辑需放置在"路径编辑器"中，选中左侧"工业机器人装配"拖至右侧"路径编辑器"即可，如图6-36所示。

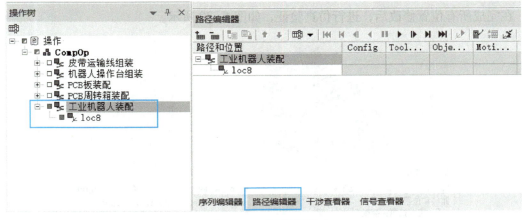

◆ 图6-36 对象流编辑 ◆

(4)"添加位置"指令的应用

要想实现工业机器人的移动,需用到"添加位置"指令,根据实际情况进行选择。工业机器人需向后移动 500mm,向下移动 500mm,因此需在位置 loc8 后面利用"添加位置"指令实现位置添加,如图 6-37 和图 6-38 所示。

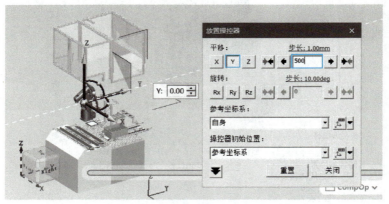

◆ 图 6-37 目标位置设置-Y 方向 ◆

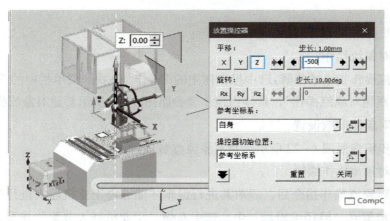

◆ 图 6-38 目标位置设置-Z 方向 ◆

(5)仿真验证

在完成所有位置修改后,进行仿真验证,如图 6-39 所示。

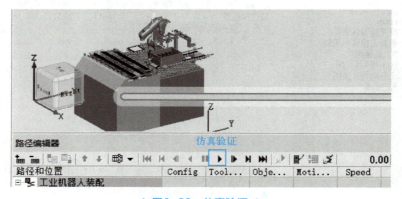

◆ 图 6-39 仿真验证 ◆

6．配件保险的安装放置

（1）新建对象流操作

新建对象流操作指令的步骤：选中操作树中的"操作"→找到菜单栏中的"操作"→"新建操作"→"新建对象流操作"，具体创建步骤参照图 6-21 所示新建对象流操作。

（2）新建对象流参数设置

具体创建步骤参照图 6-22 所示新建对象流参数设置。

（3）新建对象流操作编辑

在创建完对象流操作指令后，需对其进行编辑才能够将配件保险进行安装。对象流操作的编辑需放置在"路径编辑器"中，选中左侧"配件保险装配"拖至右侧"路径编辑器"即可，如图 6-40 所示。

◆ 图6-40　对象流编辑 ◆

（4）"添加位置"指令的应用

要想实现配件保险的移动，需用到"添加位置"指令，根据实际情况进行选择。配件保险需沿着斜面向下移动 500mm，因此需在位置 loc11 后面利用"添加位置"指令实现位置添加，如图 6-41 所示。

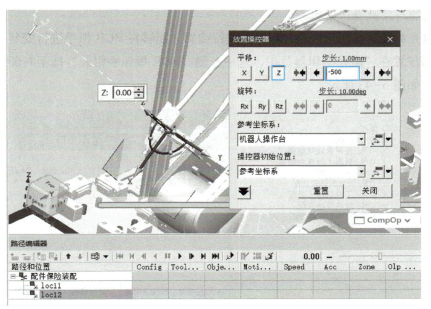

◆ 图6-41　目标位置设置 ◆

(5) 仿真验证

在完成所有位置修改后,进行仿真验证,如图 6-42 所示。

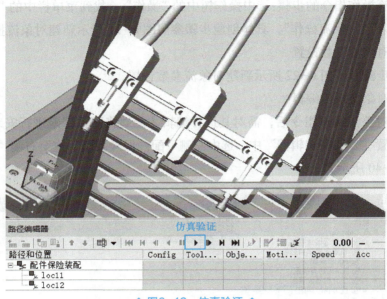

◆ 图6-42 仿真验证 ◆

7. PCB 抓手的安装放置

(1) 新建对象流操作

新建对象流操作指令的步骤:选中操作树中的"操作"→找到菜单栏中的"操作"→"新建操作"→"新建对象流操作",具体创建步骤参照图 6-21 所示新建对象流操作。

(2) 新建对象流参数设置

具体创建步骤参照图 6-22 所示新建对象流参数设置。

(3) 新建对象流操作编辑

在创建完对象流操作指令后,需对其进行编辑才能够将 PCB 抓手进行安装。对象流操作的编辑需放置在"路径编辑器"中,选中左侧"PCB 板抓手组装"拖至右侧"路径编辑器"即可,如图 6-43 所示。

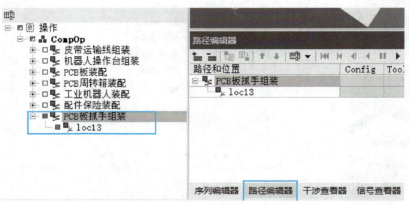

◆ 图6-43 对象流编辑 ◆

(4)"添加位置"指令的应用

要想实现PCB抓手的移动,需用到"添加位置"指令,根据实际情况进行选择。PCB抓手需向上移动200mm,向左移动200mm,因此需在位置loc13后面利用"添加位置"指令实现位置添加,如图6-44和图6-45所示。

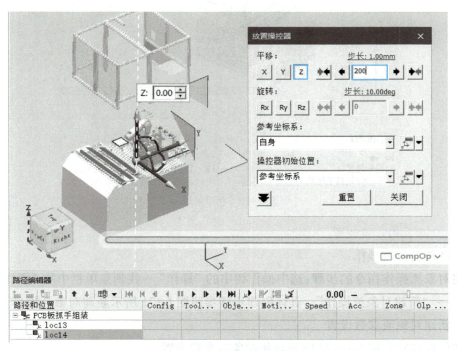

◆ 图6-44 目标位置设置-Z方向 ◆

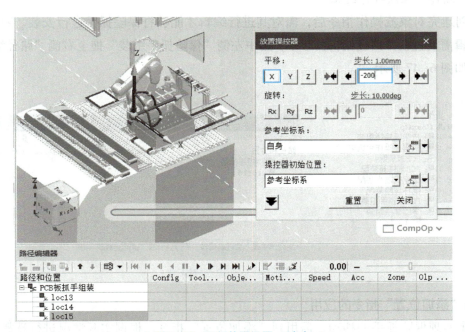

◆ 图6-45 目标位置设置-X方向 ◆

(5) 仿真验证

在完成所有位置修改后，进行仿真验证，如图6-46所示。

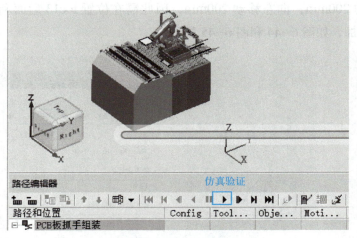

◆ 图6-46 仿真验证 ◆

8. 保险抓手的安装放置

(1) 新建对象流操作

新建对象流操作指令的步骤：选中操作树中的"操作"→找到菜单栏中的"操作"→"新建操作"→"新建对象流操作"，具体创建步骤参照图6-21所示新建对象流操作。

(2) 新建对象流参数设置

具体创建步骤参照图6-22所示新建对象流参数设置。

(3) 新建对象流操作编辑

在创建完对象流操作指令后，需对其进行编辑才能够将保险抓手进行安装。对象流操作的编辑需放置在"路径编辑器"中，选中左侧"保险抓手组装"拖至右侧"路径编辑器"即可，如图6-47所示。

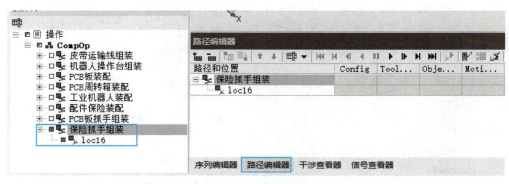

◆ 图6-47 对象流编辑 ◆

(4) "添加位置"指令的应用

要想实现保险抓手的移动，需用到"添加位置"指令，根据实际情况进行选择。保险抓手需向右移动300mm，因此需在位置loc16后面利用"添加位置"指令实现位置添加，如图 6-48 所示。

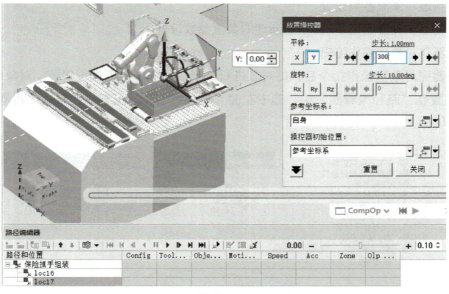

◆ 图6-48　标位置设置-Y方向 ◆

（5）仿真验证

在完成所有位置修改后，进行仿真验证，如图 6-49 所示。

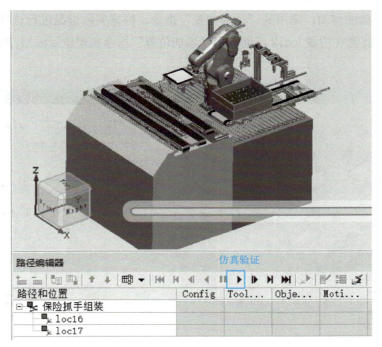

◆ 图6-49　仿真验证 ◆

9．吸盘的安装放置

（1）新建对象流操作

新建对象流操作指令的步骤：选中操作树中的"操作"→找到菜单栏中的"操作"→"新

建操作"→"新建对象流操作",具体创建步骤参照图 6-21 所示新建对象流操作。

(2) 新建对象流参数设置

具体创建步骤参照图 6-22 所示新建对象流参数设置。

(3) 新建对象流操作编辑

在创建完对象流操作指令后,需对其进行编辑才能够将吸盘进行安装。对象流操作的编辑需放置在"路径编辑器"中,选中左侧"吸盘组装"拖至右侧"路径编辑器"即可,如图 6-50 所示。

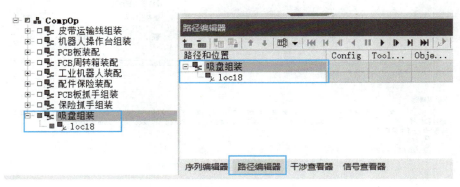

◆ 图6-50 对象流编辑 ◆

(4) "添加位置"指令的应用

要想实现吸盘的移动,需用到"添加位置"指令,根据实际情况进行选择。吸盘需向右移动 100mm,因此需在位置 loc18 后面利用"添加位置"指令实现位置添加,如图 6-51 所示。

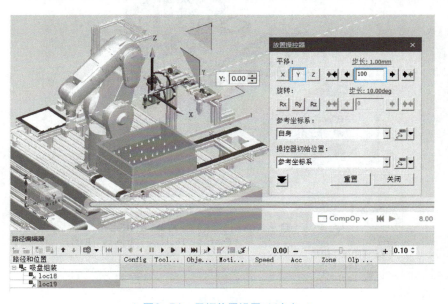

◆ 图6-51 目标位置设置-Y方向 ◆

(5) 仿真验证

在完成所有位置修改后,进行仿真验证,如图 6-52 所示。

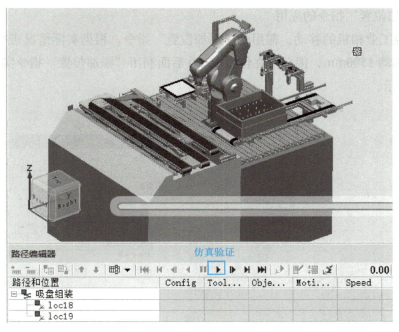

◆ 图6-52 仿真验证 ◆

10. 工业相机的安装放置

（1）新建对象流操作

新建对象流操作指令的步骤：选中操作树中的"操作"→找到菜单栏中的"操作"→"新建操作"→"新建对象流操作"，具体创建步骤参照图6-21所示新建对象流操作。

（2）新建对象流参数设置

具体创建步骤参照图6-22所示新建对象流参数设置。

（3）新建对象流操作编辑

在创建完对象流操作指令后，需对其进行编辑才能够将工业相机进行安装。对象流操作的编辑需放置在"路径编辑器"中，选中左侧"工业相机组装"拖至右侧"路径编辑器"即可，如图6-53所示。

◆ 图6-53 对象流编辑 ◆

(4)"添加位置"指令的应用

要想实现工业相机的移动,需用到"添加位置"指令,根据实际情况进行选择。工业相机需向上移动 1500mm,因此需在位置 loc20 后面利用"添加位置"指令实现位置添加,如图 6-54 所示。

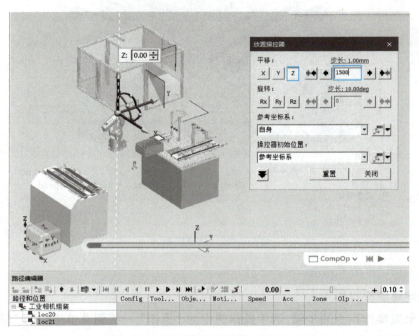

◆ 图6-54 目标位置设置-Z方向 ◆

(5)仿真验证

在完成所有位置修改后,进行仿真验证,如图 6-55 所示。

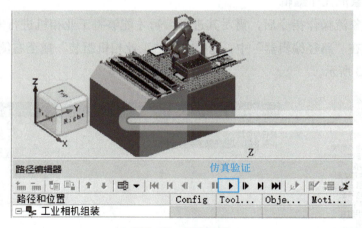

◆ 图6-55 仿真验证 ◆

11. 门窗罩的安装放置

(1)新建对象流操作

新建对象流操作指令的步骤:选中操作树中的"操作"→找到菜单栏中的"操作"→"新

建操作"→"新建对象流操作",具体创建步骤参照图6-21所示新建对象流操作。

(2) 新建对象流操作参数设置

具体创建步骤参照图6-22所示新建对象流参数设置。

(3) 新建对象流操作编辑

在创建完对象流操作指令后,需对其进行编辑才能够将门窗罩进行安装。对象流操作的编辑需放置在"路径编辑器"中,选中左侧"门窗罩组装"拖至右侧"路径编辑器"即可,如图6-56所示。

◆ 图6-56 对象流编辑 ◆

(4) "添加位置"指令的应用

要想实现门窗罩的移动,需用到"添加位置"指令,根据实际情况进行选择。门窗罩需向下移动1500mm,因此需在位置loc22后面利用"添加位置"指令实现位置添加,如图6-57所示。

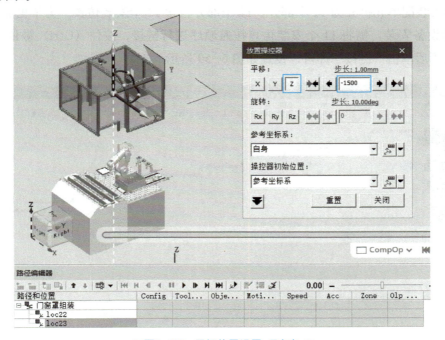

◆ 图6-57 目标位置设置-Z方向 ◆

（5）仿真验证

在完成所有位置修改后，进行仿真验证，如图6-58所示。

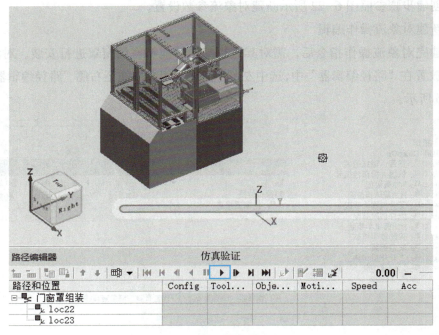

◆ 图6-58　仿真验证 ◆

6.4.2　机器人装配单元的安装仿真

1. 工艺链接

机器人装配单元拆分为11个部分，11个部分包含11个安装仿真。为了更加适合智能工厂现场设备安装，需将11个安装仿真按照顺序进行链接，按住〈Ctrl〉键依次选中11个仿真动画后单击"链接"即可，设置如图6-59所示。

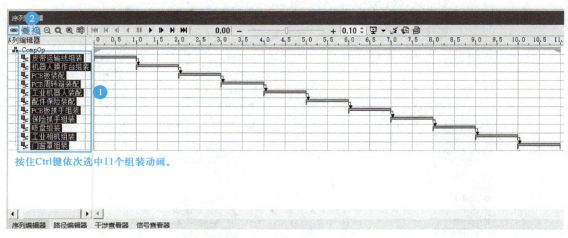

◆ 图6-59　工艺链接 ◆

2．附加指令应用

PCB 落至周转箱后跟随周转箱运动需要用到附加指令，命名为附加指令一；工业相机跟随门窗罩一起下落需用到附加指令，命名为附加指令二。

附加指令一的创建步骤如下：

在"序列编辑器"中找到 PCB 周转箱装配，在其开始仿真处右击找到"附加事件"指令，并对"附加事件"进行编辑，如图 6-60 和图 6-61 所示。

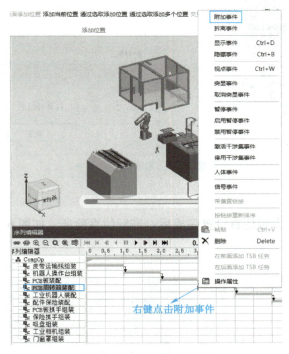

◆ 图6-60　附加事件创建 ◆

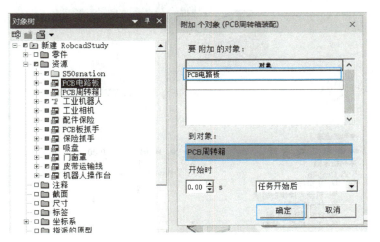

◆ 图6-61　附加事件编辑 ◆

附加指令二的创建步骤如下：

在"序列编辑器"中找到门窗罩组装,在其开始仿真处右击找到"附加事件"指令,并对"附加事件"进行编辑,如图6-62所示。

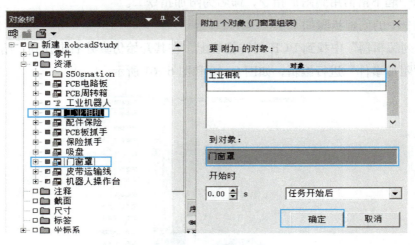

◆ 图6-62 附加事件编辑 ◆

3. 仿真验证

机器人装配单元的安装仿真设置完成后,进行仿真验证,如图6-63所示。

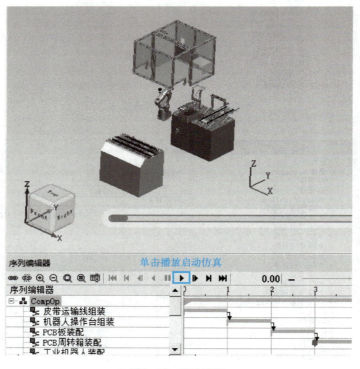

◆ 图6-63 仿真验证 ◆

▶ 6.5 任务评价

		任务评价表			
课程	智能工厂综合实训	项目	智能工厂生产线的安装	姓名	
班级		时间		学号	
序号	评测指标	评分	备注		
1	能够正确打开提供的Process Simulate模型（0–5分）				
2	能够在Process Simulate软件中完成皮带运输线的装配（0–5分）				
3	能够在Process Simulate软件中完成机器人操作台的装配（0–5分）				
4	能够在Process Simulate软件中完成PCB的装配（0–5分）				
5	能够在Process Simulate软件中完成PCB周转箱的装配（0–10分）				
6	能够在Process Simulate软件中完成工业机器人的装配（0–10分）				
7	能够在Process Simulate软件中完成配件保险的装配（0–10分）				
8	能够在Process Simulate软件中完成PCB抓手的装配（0–10分）				
9	能够在Process Simulate软件中完成保险抓手的装配（0–10分）				
10	能够在Process Simulate软件中完成吸盘的装配（0–10分）				
11	能够在Process Simulate软件中完成工业相机的装配（0–5分）				
12	能够在Process Simulate软件中完成门窗罩的装配（0–5分）				
13	能够完成机器人装配单元的组装和仿真动画制作（0–10分）				
	总计				
综合评价					

▶ 6.6 任务拓展

结合智能工厂机器人装配单元的三维建模及其仿真验证，完成前盖单元的三维建模及其仿真验证，同时记录实施过程中的问题点及其解决方案。

科学人文素养

科学严谨，是马克思主义最重要的理论品质。它体现科学方法的严格性和可靠性，只有遵循科学的原则和规律，才能保证研究结果的准确性和可靠性。在对智能工厂进行安装时同样要遵守这一科学原则，要充分了解实际工厂的布局情况，按照装配顺序和工艺流程对生产线进行安装，这是智能工厂安装的前提。

▶ 6.7 练习题

一、判断题

1．智能工厂中检测小车上是否有物料的传感器是光电传感器。（　　）

2．为了分辨白色塑料块和白色铝块，常用的传感器是光电传感器。（　　）

3．RFID传感器的作用是读/写运输小车的信息即标签数据并反馈到外部PLC中，PLC根据反馈的数据进行逻辑判断。（　　）

4．激光传感器的供电电源为交流电源，安装传感器时要保证正负极不要接反，一旦接反会对传感器造成损坏。（　　）

5．在实际的智能工厂中，电容传感器的作用是检测运输小车是否已到达目标工作站/是否远离目标工作站。电容传感器可应用于各种场合。（　　）

二、单项选择题

1．下列选项中，电磁阀不是从原理上划分的是（　　）。
　　A．直动式电磁阀　　　　　　B．双控阀
　　C．分布直动式电磁阀　　　　D．先导式电磁阀

2．用以识别工程类别的代号称为（　　）。
　　A．工程代号　　　　　　　　B．高层代号
　　C．种类代号　　　　　　　　D．名称代号

3．（　　）是表现各种电气设备和线路安装与敷设的图样。
　　A．电气平面图　　　　　　　B．电气系统图
　　C．安装接线图　　　　　　　D．电气原理图

4．为了使气缸运行平稳可靠，应对气缸的速度加以控制，常用的方法应使用（　　）实现。
　　A．溢流阀　　　　　　　　　B．气动二联件
　　C．单向阀　　　　　　　　　D．单向节流阀

三、简答题

1．阀岛的功能作用是什么？

2．什么是传感器？在工厂中常见的传感器有哪些？列举出至少五种。

3．在智能工厂中气缸是必不可少的一部分，简单描述一下气缸的主要作用。

PROJECT 7
项目 7

智能工厂生产线调试准备

▶ 7.1 项目描述

7.1.1 工作任务

在智能工厂进行编程调试前，需要进行前期准备工作，而准备工作的质量直接决定了生产的实际效果如何。本项目的主要任务是完成智能工厂调试前的准备工作。通过熟悉智能工厂调试的工作流程，对生产线进行安全检查，明确生产线内部信号和外部设备之间的对应关系，对信号进行点位测试，完成智能工厂调试前的准备工作，最后撰写智能工厂的调试手册。图7-1所示为智能工厂生产线。

◆ 图7-1 智能工厂生产线 ◆

7.1.2 任务要求

1．实施机器人装配单元的安全上电。
2．完成对机器人装配单元的硬件检查。

3. 借助博途软件完成 PLC 程序的上传并监控程序。
4. 团队协作完成机器人装配单元的打点测试。
5. 结合对智能工厂的实际应用与认知撰写智能工厂的调试手册。

7.1.3 学习成果

在了解了智能工厂安全检查的方式和方法后,通过学习掌握工厂设备的运用及工艺流程,完成智能工厂机器人装配单元的调试准备。

7.1.4 学习目标(图7-2)

◆ 图7-2 学习目标 ◆

▶ 7.2 工作任务书

在工作过程中,请结合表 7-1 中的内容了解本项目的任务和关键指标。

表7-1 智能工厂生产线调试准备任务书

任务书			
课程	智能工厂综合实训	项目	智能工厂生产线调试准备
姓名		班级	
时间		学号	
任务	撰写调试准备手册		
项目描述	在对智能工厂进行编程调试前,需要进行前期准备工作,而准备工作的质量直接决定了生产的实际效果。本项目的主要任务是完成智能工厂调试前的准备工作。通过熟悉智能工厂调试的工作流程,对生产线进行安全检查,明确生产线内部信号和外部设备之间的对应关系,对信号进行点位测试,完成智能工厂调试前的准备工作,最后撰写智能工厂的调试手册		
关键指标	1. 对智能工厂进行安全检查 2. 掌握生产线的BOM表和工艺流程图 3. 了解生产线设备运行时的注意事项 4. 明确生产线信号和设备标识符之间的对应关系		

7.3 知识准备

7.3.1 调试前的工厂安全检查

7-1 知识准备

智能工厂在启动前必须进行目视检查，检查内容如下：
1）检查机器人姿态是否合理。
2）检查立体仓库托盘的存储位置是否正确。
3）检查气泵供应的气是否送达了电气元件处。
4）检查工厂机械部件是否组装正确。
5）检查工厂各急停操作能否执行。
6）检查工厂电气元件之间的连接是否正确。

7.3.2 调试前工厂的资料准备及作用

检测单元 BOM 图如图 7-3 所示。

位置	名称	序列号	订货号
1	信号灯		549843
2	I/O终端		526213
3	I/O终端		526213
4	距离传感器	SOEL-RTD-Q50-PP-S-7L	537823
5	距离传感器	SOEL-RTD-Q50-PP-S-7L	537823
6	光纤传感器	SOEG-L-Q30-P-A-S-2L	165327
7	光纤电缆	SOEZ-LLK-SE-2, 0-M4	165360
8	光纤电缆	SOEZ-LLK-SE-2, 0-M4	165360

◆ 图7-3 检测单元BOM图 ◆

输出单元的工艺流程图如图 7-4 所示。

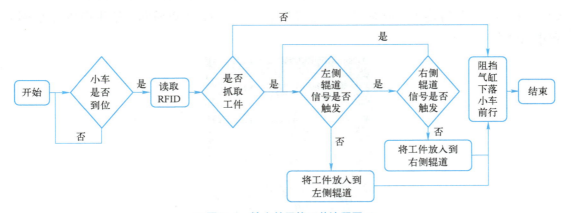

◆ 图7-4 输出单元的工艺流程图 ◆

7.4 任务实施

智能工厂机器人装配单元在硬件安装完成后,电气工程师需对机器人装配单元进行设备调试,调试前需做前置准备工作,包括系统安全上电、硬件检查和PLC打点测试。

7-2 任务实施

7.4.1 机器人装配单元组成

机器人装配单元主要由图7-5所示①机器人处阻挡气缸、②站前阻挡气缸、③站前放行装置、④PCB保险、⑤PCB、⑥工业机器人,以及机器人取料抓手、视觉系统和传送带等组成。

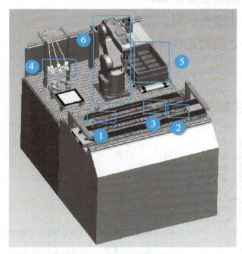

◆ 图7-5 机器人装配单元 ◆

7.4.2 系统安全上电

智能工厂系统安全上电如下:

(1) 智能工厂系统上电

如图7-6所示,打开电箱盖后,先打开总开关,然后打开中控开关CP-Factory。CP-Factory就是智能工厂的总开关,当打开总开关之后,可以看到智能生产线的传感器和指示灯亮了起来。

◆ 图7-6 系统上电 ◆

(2) 工厂上电初始化流程

参照项目5：智能工厂的操作5.4任务实施。

(3) 工厂初始化复位操作

参照项目5：智能工厂的操作5.4任务实施。

(4) 机器人上电初始化流程

参照项目5：智能工厂的操作5.4任务实施。

7.4.3 硬件检查

硬件检查步骤如下：

1）检查机器人是否在原点位置。
2）检查机器人本体上面是否有异物。
3）检查传送带上方是否有阻挡异物。
4）检查确认急停按钮是否有效。
5）检查气泵是否开启。
6）检查系统气动回路是否漏气。
7）检查安全门是否关闭。
8）检查机器人手臂的运动范围内，是否有人员、包装材料、夹具或其他各类障碍物。

7.4.4 PLC打点测试

智能工厂机器人装配单元完成系统安全上电、硬件检查后需对系统的输入输出点进行打点测试，为最终调试做准备，将打点测试的结果填写到表7-2中。

表7-2 机器人装配单元PLC打点测试表

设备信号	PLC对应地址	功能	备注
站前阻挡气缸的动作信号	Q1.0	控制运输小车的放行	图7-5中的②
机器人端阻挡气缸信号	Q2.0	控制运输小车的放行	图7-5中的①
机器人端运输小车到位信号	I100.1	运输小车到位控制机器人开启	图7-5中的①中的传感器
运输小车站前放行装置打开信号	Q2.7	切换运输小车运行路线至机器人端	图7-5中的③
运输小车站前放行装置关闭信号	Q2.6	切换运输小车运行路线至远离机器人端	图7-5中的③
机器人程序执行信号	QB109	控制机器人执行不同的取PCB程序	图7-5中⑥工业机器人取⑤PCB

7.4.5 智能工厂调试手册

调试准备手册			
课程	智能工厂综合实训	项目	智能工厂生产线调试准备
班级		时间	
姓名		学号	
内容			
调试对象	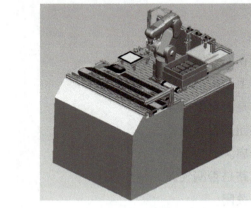 智能工厂机器人装配单元		
	实施过程		实施结果
过程分析	（1）系统安全上电，打开电箱盖后，先打开总开关，然后再打开中控开关CP-Factory （2）智能工厂上电初始化 （3）智能工厂硬件检查 （4）PLC打点测试		完成机器人装配单元的调试，同时完成该站的PLC打点测试表
备注			

▶ **7.5 任务评价**

任务评价表					
课程	智能工厂综合实训	项目	智能工厂生产线调试准备	姓名	
班级		时间		学号	
序号	评测指标	评分	备注		
1	能够完成对机器人装配单元的认知（0-10分）				
2	能够完成对机器人装配单元的安全上电（0-10分）				
3	能够完成对机器人装配单元的硬件检查（0-10分）				

（续）

任务评价表			
序号	评测指标	评分	备注
4	能够通过网线上传PLC程序并监控程序（0-10分）		
5	能够完成对机器人装配单元故障的原因分析并解决故障（0-10分）		
6	能够完成对机器人装配单元PLC程序的打点测试（0-10分）		
7	具备安全用电的意识和自我保护意识（0-10分）		
8	能够完成智能工厂调试手册的撰写（0-30分）		
总计			
综合评价			

▶ 7.6 任务拓展

自动化生产线是现代工业生产中的重要组成部分，它能够提高生产率、降低劳动强度，并且具备高度的灵活性和精确性。为了确保自动化生产线的正常运行，需要进行安装与调试工作，参照任务实施中机器人装配单元的调试准备完成立体仓库单元的调试准备。

> **科学人文素养**
>
> 党的十八大以来，以习近平同志为核心的党中央始终坚持底线思维，积极作为、未雨绸缪、见微知著、防微杜渐，下好先手棋、打好主动仗，成功应对重大挑战、抵御重大风险、克服重大阻力、解决重大矛盾。在对智能工厂进行安装准备工作时同样要坚持底线思维，在生产线调试前做好相关准备工作，确保调试能够顺利完成。

▶ 7.7 练习题

一、判断题

1．当按下急停开关后，在PLC中急停开关的信号值为True。（   ）

2．MES软件中，Quality Management用于查看不同工作站和已完成订单的效率报告。（   ）

3．PLC只需用一个输入信号就可以知道气缸在伸出或缩回状态。（   ）

4．生产线长时间运行后，可以用手直接触碰生产线上的设备。（　　）

5．两台西门子PLC通过GET/PUT指令进行通信时，其中一台PLC程序中没有GET/PUT指令不会影响通信。（　　）

二、单项选择题

1．当出现过载的情况时，（　　）装置不会起保护设备的作用。

  A．熔断器　　　　　　　　B．断路器
  C．安全门　　　　　　　　D．以上都起保护作用

2．输送单元的基本功能是（　　）。

  A．运送工件　　　　　　　B．装配工件
  C．分拣工件　　　　　　　D．抓取工件

3．函数MC-MoveAbsolute的功能是（　　）。

  A．以绝对方式运动　　　　B．以相对方式运动
  C．以点动方式运动　　　　D．回原点

4．PLC在工作时采用（　　）原理。

  A．循环扫描原理
  B．输入输出原理
  C．集中采样、分段输出原理

三、简答题

1．对智能工厂设备进行信号调试需要哪些步骤？

2．为什么要进行生产线设备调试？

PROJECT 8
项目 8

智能工厂单元编程与调试

▶ 8.1 项目描述

8.1.1 工作任务

在设备的设计开发过程中很难预测到生产和使用过程会不会出现问题，而虚拟调试带来许多好处之一就是可验证设备的可行性。虚拟调试允许设计者在设备生产之前进行任何修改和优化，而不会造成硬件资源的浪费。而且这样可以节省时间，因为用户在测试过程中可以修复错误，及时对程序进行改进。本项目主要任务是完成智能工厂的机器人装配单元的调试工作。通过熟悉生产线虚拟调试的步骤，完成Process Simulate 环境的搭建、虚拟 PLC 的建立、博途环境的搭建、外部信号通信，最后实现该单元的虚拟调试，并提交 PLC 控制程序和 Process Simulate 中机器人装配单元的最终模型。图 8-1 所示为智能工厂机器人装配单元的虚拟调试。

◆ 图8-1 机器人装配单元的虚拟调试 ◆

8.1.2 任务要求

1. 打开 S7-PLCSIM Advanced 软件完成有关设置。
2. 在 Process Simulate 软件中完成 PLC 通道的设置。
3. 借助博途软件完成 PLC 程序的下载和程序监控。
4. 通过以上步骤操作后实施最终机器人装配单元的虚拟调试。

8.1.3 学习成果

在了解了博途软件的使用方法后，通过学习掌握工厂设备的调试方法，完成智能工厂的虚拟调试。

8.1.4 学习目标（图8-2）

◆ 图8-2　学习目标 ◆

▶ 8.2　工作任务书

在工作过程中，请结合表 8-1 中的内容了解本项目的任务和关键指标。

表8-1　智能工厂单元编程与调试任务书

任务书			
课程	智能工厂综合实训	项目	智能工厂单元编程与调试
姓名		班级	
时间		学号	
任务	完成机器人装配单元的虚拟调试		
项目描述	本项目主要任务是完成智能工厂的机器人装配单元的调试工作。单站点调试主要以该站点为例进行讲解。通过熟悉生产线虚拟调试的步骤，完成Process Simulate环境的搭建、虚拟PLC的建立、博途环境的搭建、外部信号通信，最后实现该单元的虚拟调试，并提交PLC控制程序和Process Simulate中机器人装配单元的最终模型		
关键指标	1. 学会PLC的组态和编程 2. 了解HMI的组态和功能 3. 能够对硬件设备进行调试 4. 能够测试手动和自动程序		

8.3 知识准备

8.3.1 接近开关/单向节流阀

1. 接近开关

接近开关是一种非接触式的位置检测装置，当目标物体靠近其感应面至设定的动作距离时，开关无需物理接触即可触发动作，输出电信号控制电路或驱动相关设备。接近开关广泛应用于工业自动化，用于精确测量、定位和保护等场合，具有响应速度快、寿命长、抗干扰能力强等特点，常见类型包括电感式接近开关、电容式接近开关和霍尔式接近开关等。接近开关如图8-3所示。

8-1 知识准备

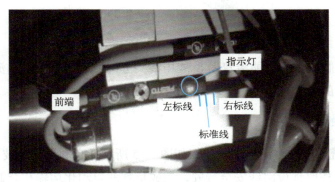

◆ 图8-3 接近开关 ◆

智能工厂所使用的接近开关位置调整原理：气缸内阀杆上带有磁块，当气缸动作时，阀杆带动磁块移动。磁性开关通过内部传感器感应磁块位置编号，来判断气缸动作情况。

接近开关位置调整过程：①根据气缸外滑槽选择磁性传感器，并放到滑槽内；②通电，动作气缸；③从滑槽最前端开始向右移动传感器，到传感器指示灯刚刚亮；④在传感器前端位置的气缸上做好标记（左标记）；⑤继续向右移动传感器，到传感器指示灯刚刚灭；⑥在传感器前端位置的气缸上做好标记（右标记）；⑦取两标线中间作为标准线，使传感器前端处于此位置，紧固；⑧反复动作试验安装位置，保证稳定。说明：取中间标准位置安装传感器，可有效保证气缸运行中信号稳定，避免出现临界情况，产生信号误差。

2. 单向节流阀

单向节流阀是一种控制元件，它允许流体在一个方向自由流动，而在相反方向则通过一个可调节的节流口进行限流或阻尼。这种阀结合了单向阀和节流阀的功能，即只允许单向通过，并且可以根据需要调整通过流量的大小，以实现对系统压力、速度或其他相关参数的控制。在液压系统中，单向节流阀常用于负载变化不大或对速度稳定性要求不高的场合，通过改变节流截面来控制液体的单向流动速率。

智能工厂所使用的单向节流阀如图8-4所示。此单向节流阀基本参数：流量85～265L/min，温度范围-10～60℃，工作压力$(0.2～10)×10^5$Pa，压缩空气符合

ISO 8573-1:2010[7:4:4]，可用润滑介质，介质温度 -10 ~ 60℃，贮存温度 -10 ~ 40℃。

◆ 图8-4　单向节流阀 ◆

经过单向节流阀的气体只能沿着图 8-4 中箭头方向流动，不可逆向流动，可通过调节旋钮控制气体流量的大小。

8.3.2　AGV智能系统

AGV 智能系统是一种自动搬运设备，如图 8-5 所示。它利用导航技术让 AGV 小车在无人干预的情况下按照预设路线安全行驶，完成货物的自动化运输和装卸。该系统简化了物料搬运流程，提高了工作效率并降低了人工成本。

AGV 智能系统工作原理：AGV 接收到货物搬运指令后，根据事先绘制好的运行地图、AGV 当前坐标及前进方向，由中央控制器进行矢量计算和路线分析，从中选择最佳的行驶路线。智能系统控制 AGV 小车的行驶和转向等，到达装载货物位置准确停位并装货完成后，AGV 小车启动向目标卸货点"奔跑"，准确到达位置后停住，然后完成卸货，并向控制计算机报告其位置和状态。之后 AGV 小车启动跑向待命区域，直到接到新的指令后再执行下一次任务。

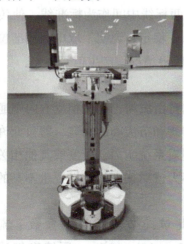

序号	说明
1	急停开关
2	信号灯柱
3	传送带电动机
4	电容传感器
5	传送带

序号	说明
1	摄像头
2	扩展板卡(镭射扫描仪)
3	无线发射器
4	I/O端子
5	镭射扫描仪

◆ 图8-5　AGV智能系统 ◆

AGV智能系统功能：将物料、半成品、成品都放在周转盒中，然后用移动机器人搬运周转盒，在智能工厂各站点之间运动。

8.3.3 RFID读/写系统

RFID读／写系统是一种无线通信技术设备，主要由RFID标签和读写器构成。RFID标签附着在物品上存储信息，当标签进入读写器的工作范围时，读写器通过发送射频信号激活标签并读取或写入数据，实现对物品的自动识别和信息管理。整个过程无需物理接触，提高了数据采集和处理的效率及准确性。

图8-6所示为智能工厂的图尔克读写头，电气接线图如图8-7所示。作用：读写TW-R16-B128 RFID数据存储介质的信息并反馈至外部PLC，外部PLC根据反馈的信息做出逻辑判断。

◆ 图8-6　图尔克读写头 ◆　　　　　◆ 图8-7　电气接线图 ◆

▶ 8.4　任务实施

8.4.1　接近开关和单向节流阀的调试

1. 接近开关的调试

图8-8所示接近开关可以检测气缸的伸出和缩回状态。接近开关的调试步骤如下：

8-2　任务实施

◆ 图8-8　接近开关 ◆

1）进行目视检查并接通设备的气源和电源。
2）气缸处于要检测的位置。
3）将接近开关移到指示灯亮起的位置。
4）继续向相同方向移动接近开关，直到指示灯熄灭。
5）将接近开关移动并固定到指示灯亮起和熄灭的中间位置。
6）运行气缸对安装效果进行检查。

2．单向节流阀的调试

单向节流阀的作用是在进气或排气中进行流量限制，单向节流阀如图8-9所示，其调试步骤如下：

◆ 图8-9 单向节流阀 ◆

1）进行目视检查并接通设备的气源和电源。
2）完全关闭两个单向节流阀。
3）螺钉向打开方向旋转一圈。
4）按下控制按钮进行测试。
5）缓慢调节单向节流阀开度，直到气缸按所需速度运行。

8.4.2　RFID和AGV的调试

1．RFID 的调试

RFID 系统可以根据传输范围分为三类：

1）短距离通信的 RFID 系统（紧密耦合系统）一般用于距离小于 1cm 的场合，比如通过芯片卡进行无现金支付和门禁系统等。

2）中等距离通信的 RFID 系统（远耦合系统），其传输距离大约为 1m，可用于动物识别、工业自动化（工具库、工件信息）、现代收银系统等。

3）大范围通信的 RFID 系统（远程系统），其传输范围为 1～15m，可用于车辆收费系统和停车系统，但并不在工业中应用。

2．AGV 小车的工作流程

智能工厂中的 AGV 小车如图 8-10 所示，其工作流程如下：

◆ 图8-10 AGV小车 ◆

1）通信系统将地面控制系统发出的指令传达给车载控制系统。

2）车载控制系统调用导航系统和驱动系统对小车进行定位并使小车按照预定路径进行移动。

3）地面控制系统根据现场物料运输需求和 AGV 小车的当前状态进行任务分配。

4）在到达指定位置后车载控制系统通过调用移载系统来完成物料的装卸。

5）地面控制系统对 AGV 小车进行路径规划。

8.4.3 站点手/自动调试

当进行程序测试时，如果不提前了解调试的注意事项很容易发生意外事故，对人或设备造成损伤，所以在测试之前要先了解调试的注意事项，同时也应提前规划测试项目。这里列举钻孔单元的注意事项及测试项目。钻孔单元如图 8-11 所示。

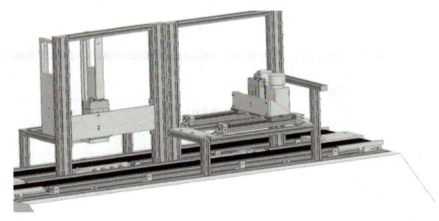

◆ 图8-11 钻孔单元 ◆

（1）手动调试

① 紧固钻头，防止运行时钻头飞出伤人；②谨防气动机构夹手；③通过触摸屏或按钮

测试所有输出点位是否正确；④测试传感器等输入点位是否正确。

(2) 自动调试

① 设备自动运行后任何人员不得进入安全线内；②确保急停按钮工作正常；③查看物料摆放位置是否正确；④了解自动运行的条件。

8.4.4 智能工厂的虚拟调试

利用 Process Simulate 软件和西门子博途编程软件完成智能工厂第五站机器人装配单元的虚拟调试，需要完成如下设置：①博途软件端的设置；② PLCSIM Advanced V3.0 端的设置；③ Process Simulate 软件端设置；④创建 PLC 与 Process Simulate 间的通信；⑤完成项目的最终虚拟调试。

1．博途软件端的设置

打开提供的 PLC 程序，打开程序后需对编程软件进行三方面的设置：首先激活"块编译时支持仿真"选项，如图 8-12 所示；其次添加新子网，如图 8-13 所示；最后激活"允许来自远程对象的 PUTGET 通信访问"，如图 8-14 所示。

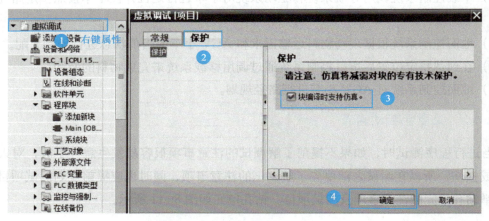

◆ 图 8-12 激活"块编译时支持仿真"◆

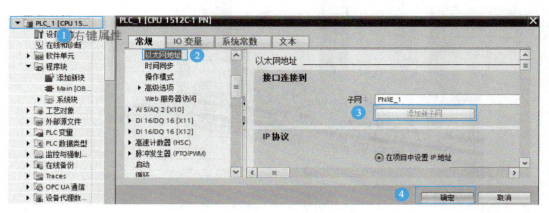

◆ 图 8-13 添加新子网 ◆

◆ 图8-14 激活"允许来自远程对象的PUT/GET通信访问" ◆

2．PLCSIM Advanced V3.0端的设置

要想完成智能工厂的虚拟调试需要借助PLCSIM Advanced V3.0完成"牵线搭桥"，实现PLC与Process Simulate软件间的通信。首先打开PLCSIM Advanced V3.0软件进行设置，具体设置如图8-15所示。

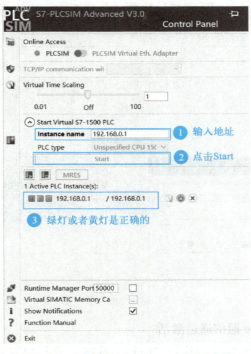

◆ 图8-15 PLCSIM Advanced V3.0设置 ◆

3．Process Simulate软件端的设置

(1) Process Simulate通信通道创建

首先打开Process Simulate软件中的模型，创建Process Simulate与外部PLC之间的通信通道，单击"文件"→"选项"→"PLC"→"外部连接"→"连接设置"→"添加"→"PLCSIM Advanced"，具体创建步骤如图8-16～图8-18所示。

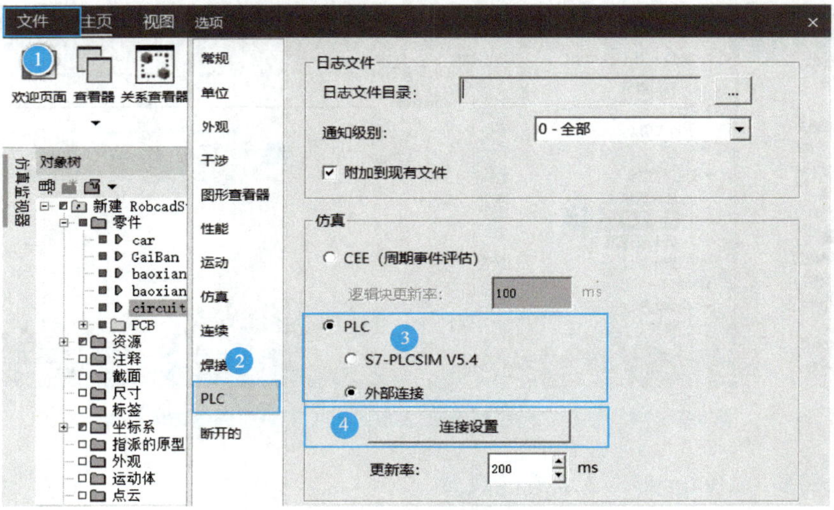

◆ 图8-16 通信通道创建（一）◆

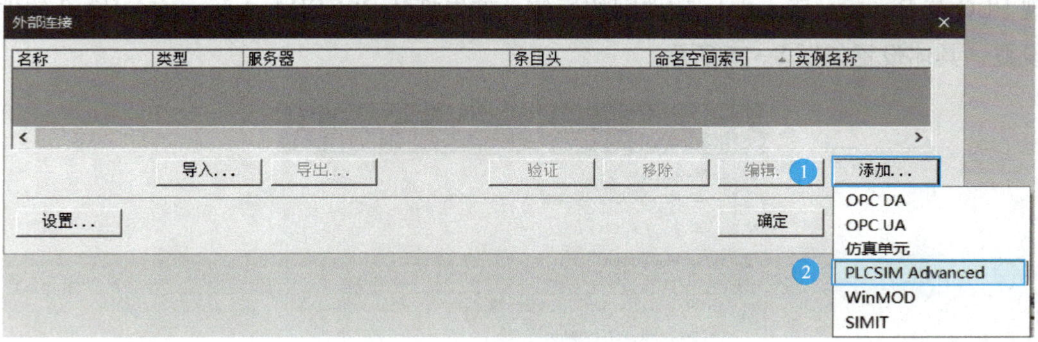

◆ 图8-17 通信通道创建（二）◆

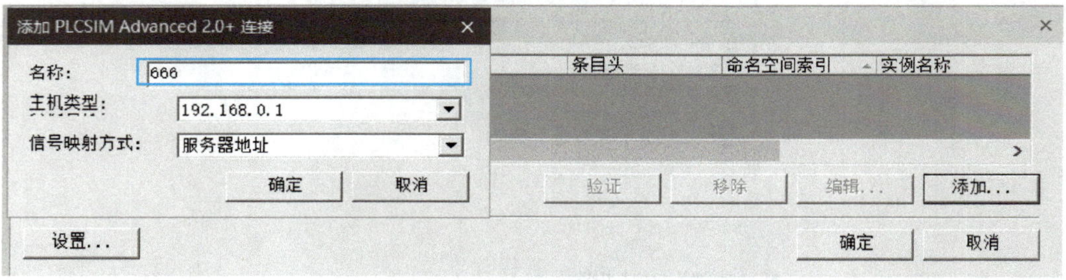

◆ 图8-18 通信通道创建（三）◆

（2）Process Simulate 通信通道激活

打开 Process Simulate 软件后找到"信号查看器"，进行如图 8-19 所示通信通道激活。

4. 创建 PLC 与 Process Simulate 间的通信

经过以上三步的设置后将提供的 PLC 程序下载到 PLCSIM Advanced 中即可实现 PLC 与 Process Simulate 间的通信。图 8-20 所示为编译下载程序。

5. 完成项目的最终虚拟调试

1）将 Process Simulate 软件中的模型切换至"生产线仿真模式"后单击"序列编辑器"中的"播放"按钮，启动仿真，如图 8-21 所示。

信号名称	内存	类型	Robot Signal Nar	地址	IEC 格式	PLC 连接	外部连接
Op end 1		BOOL		No Address	I		
Op end 2		BOOL		No Address	I		
Op end 3		BOOL		No Address	I		
Op end 4		BOOL		No Address	I		
car 1 end		BOOL		No Address	I		全部选中666
Op end 5		BOOL		No Address	I		
Op end 6		BOOL		No Address	I		
Op end 7 选中这些信号		BOOL		No Address	I	全部勾选 ②	③
Op end 8		BOOL		No Address	I		
ABB end ①		BOOL		100.0	I100.0	☑	
ABB start		BOOL		100.0	Q100.0	☑	666
car start		BOOL		100.1	Q100.1	☑	
car 1 start		BOOL		100.2	Q100.2	☑	
GaiBan start		BOOL		100.3	Q100.3	☑	
GaiBan 1 start		BOOL		100.4	Q100.4	☑	
baoxian1 start		BOOL		100.5	Q100.5	☑	
baoxian1 1 start		BOOL		100.6	Q100.6	☑	
baoxian2 start		BOOL		100.7	Q100.7	☑	
baoxian2 2 start		BOOL		101.0	Q101.0	☑	
circuitboard start		BOOL		101.1	Q101.1	☑	
circuitboard 1 start		BOOL		101.2	Q101.2	☑	
chuxian2		BOOL	chuxian2	600.0	I600.0	☑	
light_sensor_car		BOOL		100.7	I100.7	☑	

◆ 图8-19 通信通道激活 ◆

◆ 图8-20 编译下载程序 ◆

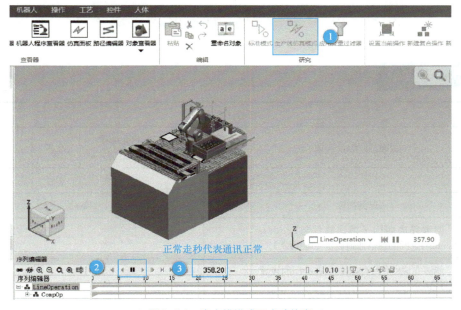

◆ 图8-21 生产线模式下启动仿真 ◆

2）将 PLC 中的程序切换至监控状态启动 PLC 程序，这里只需点动启动"叫料"按钮和"启动自动程序"按钮即可。图 8-22 所示为启动虚拟调试。

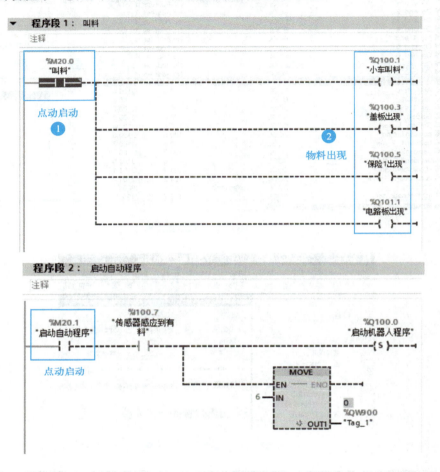

◆ 图8-22　启动虚拟调试 ◆

▶ 8.5　任务评价

任务评价表					
课程	智能工厂综合实训		项目	智能工厂单元编程与调试	姓名
班级			时间		学号
序号	评测指标		评分	备注	
1	能够完成西门子博途软件与Process Simulate之间的通信通道设置（0-10分）				
2	能够完成S7-PLCSIM Advanced的设置（0-10分）				

(续)

任务评价表			
序号	评测指标	评分	备注
3	能够完成Process Simulate软件中PLC通道的设置（0-10分）		
4	能够完成PLC程序的下载（0-10分）		
5	能够监控PLC程序，并能强制启动PLC程序（0-10分）		
6	能够完成Process Simulate软件中生产线模式的切换（0-10分）		
7	能够完成Process Simulate软件中外部连接通道的选择（0-10分）		
8	能够根据任务实施完成机器人装配单元的虚拟调试（0-20分）		
9	能够解决机器人装配单元虚拟调试过程中遇到的问题（0-10分）		
	总计		
综合评价			

▶ **8.6 任务拓展**

在任务实施中已完成智能工厂机器人装配单元的虚拟调试，现要求利用 Process Simulate 软件与西门子博途编程软件完成智能工厂第一站立体仓库单元的虚拟调试，具体实施步骤参照机器人装配单元的虚拟调试。现对立体仓库单元的虚拟调试做如下要求：

1) 根据提供的模型位置变量数据，完成简单的 PLC 程序编写，只需完成伺服运动控制一个位置的移动即可。

2) 完成博途软件端的设置。

3) 完成 PLCSIM Advanced V3.0 端的设置。

4) 完成 Process Simulate 软件端的设置。

5) 完成 PLC 与 Process Simulate 间的通信设置。

6) 完成项目的最终虚拟调试。

科学人文素养

开拓创新，积极进取，是我国实现社会主义现代化、全面推进中华民族伟大复兴的关键一环，具有深刻的思想价值与实践意义。在对智能工厂进行调试工作时同样要遵守这一科学观点，从实际情况出发，深刻理解生产线调试的工作步骤，按照智能工厂的工艺流程对生产线进行程序编写，这是智能工厂虚实联调的前提。

8.7 练习题

一、判断题

1．PLC组态设置时要把计算机的以太网口IP地址改为与PLC的IP地址在同一网段内才可以。（   ）

2．HMI是人机界面，它是一种用于控制和监控机器的系统，可以实现机器和人之间的交互。（   ）

3．常用的报警类型是离散量报警和模拟量报警，当模拟量的值超出上限或下限时将会触发离散量报警。（   ）

4．通过触摸屏控制设备时操作员只能访问指定的输入域和功能键。（   ）

5．电路原理图不涉及电气元件的结构尺寸、材料选用数据。（   ）

二、单项选择题

1．下列选项中，（   ）是常用于机器人移动的插补指令。
　　A．Mov指令　　　　　　　　　　B．Ovrd指令
　　C．Jovrd指令　　　　　　　　　 D．Spd指令

2．博途软件将程序下载到IP地址为192.168.0.1的PLC时，计算机的IP应为（   ）。
　　A．192.168.0.1　　　　　　　　B．200.168.0.1
　　C．192.168.0.241　　　　　　　D．192.168.0.421

3．博途软件在（   ）属性下可以建立和添加网络。
　　A．网络视图　　　　　　　　　　B．CPU
　　C．以太网模块　　　　　　　　　D．IM356模块

4．对机器人进行示教时，模式旋钮打到示教模式后，外部设备发出的启动信号（   ）。
　　A．无效　　　　　　　　　　　　B．有效
　　C．延时后有效　　　　　　　　　D．不一定

三、简答题

1．HMI报警的作用是什么？有哪些常见的报警类型？

2．什么是光纤传感器？其工作原理是什么？

3．简述在智能工厂中AGV小车的工作流程。

PROJECT 9 项目 ⑨

智能工厂生产线综合调试

▶ 9.1 项目描述

9.1.1 工作任务

基于"虚实联调"的理念，和物理生产线建立同步虚拟数字化仿真平台，通过虚拟物理生产线获取物理生产线数据，提前仿真、模拟、展示物理生产线运作。通过虚实结合，实现虚拟生产线对物理生产线的实时展示和监控。本项目主要任务是智能工厂的虚实联调工作，通过了解智能工厂的工艺流程，熟悉生产线虚实联调的一般步骤，学习 I/O_Link 的相关知识，完成智能工厂的 Process Simulate 设置、OPC Link 的设置、博途环境的搭建、外部信号配置及信号映射，最后实现智能工厂的虚实联调，并提交生产线 PLC 控制程序、OPC Link 的信号表以及 Process Simulate 驱动模型。图 9-1 所示为智能工厂的虚实联调。

◆ 图9-1　智能工厂虚实联调 ◆

9.1.2 任务要求

1．按照要求完成立体仓库单元与检测单元的虚实联调。
2．借助博途软件和 Process Simulate 软件完成前、后盖单元与钻孔单元的虚实联调。
3．按照要求实施机器人装配单元、压紧单元及输出单元的虚实联调。
4．各单元虚实联调设置完成后，结合多站通信的注意事项，成功实施智能工厂整体的虚实联调。

9.1.3 学习成果

在了解了综合调试总站点的精益生产方法后，通过学习掌握工业组网测试方法，完成智能工厂各单元系统的虚实联调。

9.1.4 学习目标（图9-2）

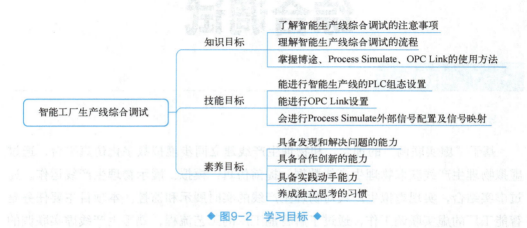

◆ 图9-2 学习目标 ◆

9.2 工作任务书

在工作过程中，请结合表 9-1 中的内容了解本项目的任务和关键指标。

表9-1 智能工厂生产线综合调试任务书

任务书			
课程	智能工厂综合实训	项目	智能工厂生产线综合调试
姓名		班级	
时间		学号	
任务	完成智能工厂的Process Simulate设置、虚拟PLC的建立、博途环境的搭建、外部信号配置及Process Simulate信号映射，最后实现智能工厂的虚实联调工作		
项目描述	本项目主要任务是智能工厂的虚实联调工作，通过了解智能工厂的工艺流程，熟悉生产线虚实联调的一般步骤，学习I/O Link的相关知识，完成智能工厂的PS设置、OPC Link的设置、博途环境的搭建、外部信号配置及信号映射，最后实现智能工厂的虚实联调，并提交生产线PLC控制程序、OPC Link的信号表以及Process Simulate驱动模型		

(续)

任务书	
关键指标	1. 了解MES与PLC之间的关系 2. 了解如何进行精益生产 3. 了解各站点如何进行以太网连接 4. 了解网络安全测试的概念

▶ 9.3 知识准备

9.3.1 MES与PLC间的关系

1. 了解 MES 与 PLC 之间的关系

如图 9-3 所示，MES 和 PLC 的关系可以总结如下：

9-1 知识准备

◆ 图9-3 控制结构图 ◆

1）数据集成：MES 需要从 PLC 系统中获取实时生产数据，作为其运行的基础。

2）指令交互：MES 可向 PLC 发送控制指令，以改变或优化生产过程中的具体操作。

3）协同工作：二者共同服务于智能工厂的整体目标，即提升生产率、降低成本和灵活应对生产计划变化。

2. 管理执行层级

图 9-4 所示为常见的工厂管理执行层级，分为 ERP、MES、SCADA、PLC、I/Os 五层。

◆ 图9-4 管理执行层级 ◆

（1）输入/输出（I/Os）层

这是工厂控制系统中的最底层，包含各类传感器、执行器等设备，它们负责从物理环境中采集数据，并根据指令控制设备动作。

（2）可编程逻辑控制器（PLC）层

PLC作为现场级的控制核心，它接收来自I/Os层的数据，并根据预设程序进行逻辑运算，实现对设备的实时控制。同时，PLC还会向上层系统发送状态信息和收集到的数据。

（3）监控与数据采集（SCADA）系统层

SCADA系统用于远程监视和控制工业过程，它通常集成多个PLC和其他控制器，通过图形界面展示生产过程的状态并提供控制手段，同时进行数据记录和报警处理。

（4）制造执行系统（MES）层

MES位于车间操作层面之上，主要关注整个生产过程的执行细节，包括作业调度、资源分配、质量控制和物料跟踪等。MES可以从PLC或SCADA获取实时生产数据，并据此做出决策，同时与企业其他信息系统交互。

（5）企业资源规划（ERP）层

ERP系统位于企业的战略管理层，涵盖了采购、销售、库存、财务和人力资源等多个业务模块，它基于宏观视角优化企业整体运营效率，而不直接参与具体的生产过程控制。

9.3.2 精益生产

1. 精益生产的概念

精益生产不仅是一种生产技术，更是一种全面的企业文化和管理模式，其目标是建立一个能够快速适应市场需求变化、高效利用资源、有效降低浪费、提供高质量产品的组织体系，如图9-5所示。

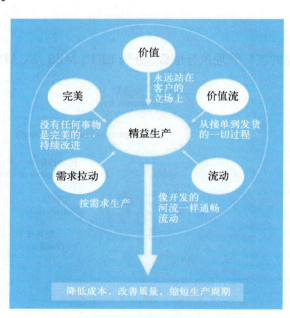

◆ 图9-5 精益生产 ◆

2. 改进工厂浪费的精益生产

对于生产的优化,可以从八大浪费进行改进,如图 9-6 所示。八大浪费的具体内容如下:

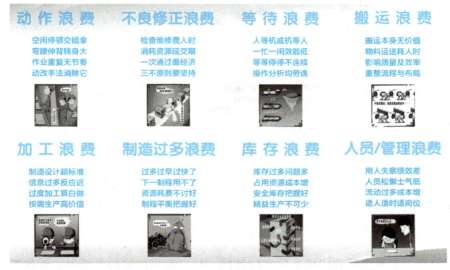

◆ 图9-6　八大浪费 ◆

1)动作浪费:操作员在执行任务时不必要的走动、转身、伸手等动作,这些动作并未直接创造价值,反而增加了疲劳和出错的可能性。

2)不良修正浪费:由于质量问题产生的废品、返工和重复检测,不仅消耗了材料和劳动力,还影响了交付周期和客户满意度。

3)等待浪费:工人在生产流程中因为物料不足、机器故障、工作交接或其他原因造成的闲置等待,未能进行增值活动。

4)搬运浪费:在生产过程中不必要的物品移动,不仅消耗时间和资源,也可能增加损坏风险和空间占用。

5)加工浪费:对产品进行不必要的附加加工步骤,或者过度精确的加工,这些多余的工序不会增加产品的功能或价值。

6)制造过多浪费:生产超出当下需求的产品,导致额外的库存积累和潜在的质量问题,同时加大了存储和运输成本。

7)库存浪费:存储在仓库中未使用的原材料、半成品或成品,占用了资金和存储空间,并可能因市场需求变化而导致滞销或过时。

8)人员/管理浪费:问题发生以后,管理人员才采取相应的对策来进行补救而产生的额外浪费。

9.3.3　工业组网

工业组网(Industrial Networking)是指在工业自动化环境中构建网络通信系统,以实现设备间的数据交换、监控与控制,如图 9-7 所示。它是一个集实时性、可靠性、安全性和稳定性于一体的复杂通信网络架构，是现代工业生产过程信息化、智能化的基础。

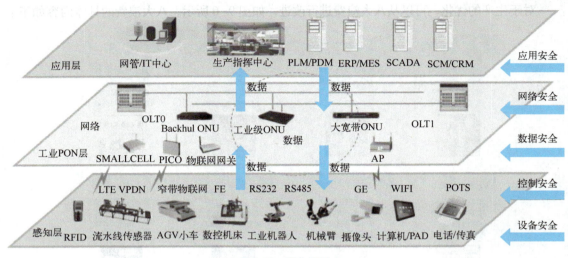

◆ 图9-7 工业组网 ◆

1）实时性：工业组网要求极高的实时性能，确保数据传输的低延迟，满足控制系统对时间敏感的要求。

2）可靠性：工业环境通常具有电磁干扰强、温湿度变化大等特点，因此工业组网技术需要保证在恶劣环境下稳定、可靠运行，例如采用冗余设计、故障自恢复等机制。

3）安全性：工业网络中传输的大量数据包含关键的生产信息和控制指令，必须具备严格的安全防护措施，防止非法访问和恶意攻击。

4）标准协议：常见的工业组网协议有 EtherCAT、Profinet、Modbus TCP/IP、CC-Link IE Field 等，它们为不同厂商的设备提供了标准化的互联互通接口。

5）网络层次结构：工业组网通常包括现场层、控制层和信息管理层等多个层次，每一层都有其特定的网络技术和设备。

6）物联网技术应用：随着工业4.0和工业互联网的发展，工业组网也越来越多地融入了物联网技术，如云计算、边缘计算、无线传感网络等，进一步提升了网络的智能性和灵活性。

不同网络设备在工业组网中的作用如下：

1）网络安全设备：保护网络系统中的硬件、软件及数据，不受偶然或者恶意的破坏、更改、泄露，保证系统连续可靠地运行，网络服务不中断所使用的设备。

2）工业交换机：工业交换机的作用是连接多种网络设备，使其网络互通，通过数据交换的方式来进行数据传输，另外工业交换机是一个扩大网络的器材，能为子网络提供更多的连接端口，以便连接更多的网络设备。

3）边缘网关：边缘网关是靠近工业设备、传感器等物理设备的网络边缘侧，也称物联网协议网关，主要担负物联网协议转换的功能，同时边缘网关是物联网系统中边缘侧设备数据通往云端的最后一层物理实体。

9.3.4 网络安全测试

智能生产线系统的控制协议相较于传统控制系统的控制协议开放程度更高,且智能生产线里的各类执行设备、控制设备及传感设备普遍存在安全漏洞,所以智能生产线系统很容易受到攻击,这就需要一种能够对智能生产线系统进行全局安全检测、提高智能制造生产线系统整体安全性的安全检测系统。

一种面向智能工厂的全局安全检测系统如图9-8所示。图中的安全检测系统包括用户配置输入模块、库管理模块、攻击图生成模块、资产重要性量化模块、节点关键性量化模块、关键节点生成模块、检测任务管理模块、检测任务执行模块、风险计算模块以及报告输出模块。用户可以将智能制造生产线的网络配置以及漏洞信息输入到系统中生成攻击图,然后由攻击图生成攻击路径。节点关键性量化模块对生成的攻击路径节点的关键性进行量化,量化完成后生成最小关键集。风险计算模块通过对最小关键集和初始攻击路径进行安全检测,从而得到网络安全状况。系统根据得到的网络安全状况确定漏洞层次的风险,给出相应的风险响应措施,使风险能够被快速发现和解决,以提高智能制造生产线的整体安全性,避免不必要的损失。

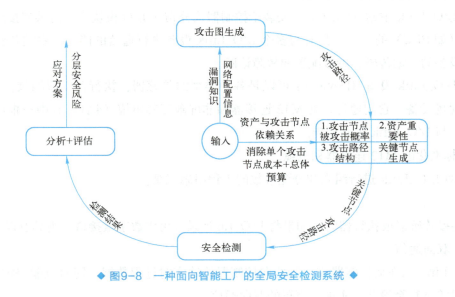

◆ 图9-8 一种面向智能工厂的全局安全检测系统 ◆

9.3.5 I/O_Link通信

1. I/O_Link 定义

I/O_Link 是一种工业自动化领域的通信技术标准,它为传感器和执行器提供了一种统一、双向的点对点连接方式。I/O_Link 技术基于串行通信原理,允许在控制系统(如PLC)与现场级设备之间进行更丰富的数据交换,如图9-9所示。

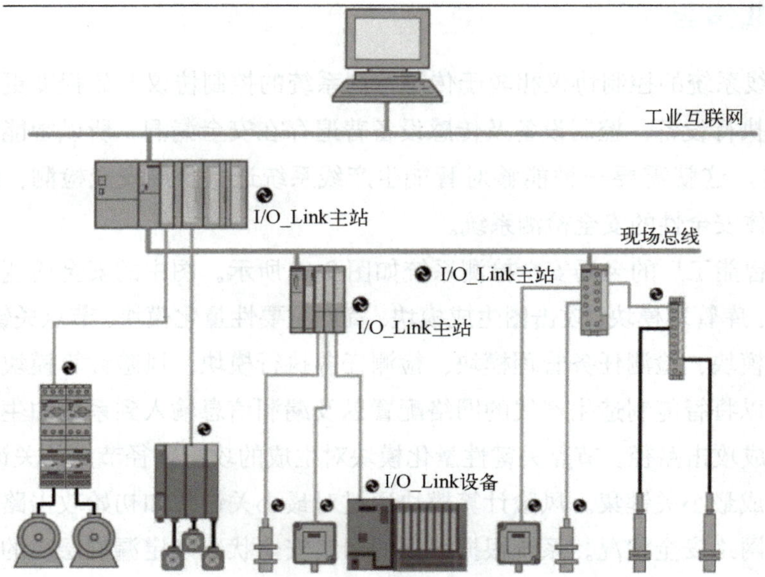

◆ 图9-9 I/O_Link系统 ◆

I/O_Link 包含以下系统组件：

1) I/O_Link 主站（Master）：安装于控制器或分布式 I/O 模块中，提供连接到上层控制系统（如 PLC）的接口，具有与多个 I/O_Link 设备进行通信的能力。主站负责管理所有连接设备的数据传输、参数配置和故障诊断。

2) I/O_Link 设备（Device）：可以是各种类型的传感器、执行器、智能阀、RFID 阅读器等现场设备，它们通过标准 M12 连接器和非屏蔽三芯电缆（4 针，其中一根用于备用或供电）与 I/O_Link 主站相连。

3) 标准化的 M12 连接器和电缆。

4) 对 I/O_Link 进行组态和分配参数的工程组态工具。

2. I/O_Link 核心技术特点

在连接传感器或执行器时，如果将 I/O_Link 系统用作数字量接口，则具有以下优势：

（1）双向通信

I/O_Link 允许从传感器或执行器向控制器传输实时过程数据，同时也能将控制参数、诊断信息等下行至设备，实现了真正的双向通信。

（2）标准化接口

统一了不同制造商的设备接口，简化了工程设计、布线和设备更换过程，降低了集成成本和错误率。

（3）增强数据内容

除了传统开关量信号，可传输类型更丰富的数据，例如详细的模拟信号数值、预报警信息、自定义设备状态字、过程变量、设备参数及诊断数据等。

（4）远程配置与维护

通过 I/O_Link 主站，用户可以在运行过程中轻松地对设备进行远程配置、校准和状态监控，提高了生产率并方便了预测性维护工作。

（5）自动设备识别

新设备插入系统时，I/O_Link 主站能自动识别设备类型和参数，实现即插即用功能，减少停机时间和人工干预。

3. I/O_Link 系统

I/O_Link 主站在 I/O_Link 设备和自动化系统间建立连接。当 I/O_Link 主站作为 I/O 系统的组件时，既可安装在控制柜中，也可直接安装在现场，作为防护等级为 IP65/67 的远程 I/O。

I/O_Link 主站通过各种现场总线或产品特定的背板总线进行数据通信。I/O_Link 主站可配有多个 I/O_Link 端口（通道）。I/O_Link 设备可连接各个端口（点到点通信），如图 9-9 所示。

4. I/O_Link 协议

I/O_Link 是一种点对点的串行数字通信协议，它的目的是在传感器和执行器（PLC）之间进行周期性的数据交换。

I/O_Link 主站在 I/O_Link 设备和 PLC 之间传递数据。它通常是一种分布式 I/O 模式，模块上有 I/O_Link 的连接通道。I/O_Link 设备通过线缆连接到 I/O_Link 主站的通道上，I/O_Link 主站通过总线与 PLC 进行数据交换。

每一个 I/O_Link 设备都要连接到 I/O_Link 主站的一个通道上，因此 I/O_Link 是一种点对点的通信协议，而不是一种总线协议。

▶ 9.4 任务实施

在智能工厂系统中共计有八个工作单元，分别为 zhan1 立体仓库单元、zhan2 前盖单元、zhan3 检测单元、zhan4 钻孔单元、zhan5 机器人装配单元、zhan6 后盖单元、zhan7 压紧单元和 zhan8 输出单元，如图 9-10 所示。

9-2　任务实施

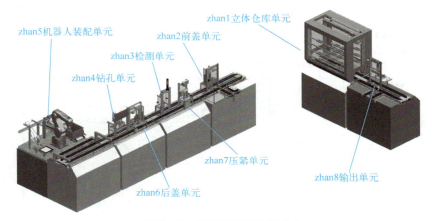

◆ 图9-10　智能工厂系统组成 ◆

将智能工厂的生产线开启到 MES 模式，生产线启动后完成智能工厂的虚实联调。

9.4.1 立体仓库单元的虚实联调

1. 将 zhan1 立体仓库单元信号表导入 KOESTER.OPC

1）智能工厂 Process Simulate 软件中的模型在非自己做项目的计算机中打开后会丢失外部连接通道，因此需要手动创建外部连接通道，首先打开计算机中的 RK OPC UA Server 软件。

9-3 立体仓库单元的虚实联调

2）将事先提供的 zhan1 立体仓库单元的信号导入目标计算机的 RK OPC UA Server 中，具体步骤如图 9-11～图 9-14 所示。

◆ 图9-11 信号导入（一）◆

◆ 图9-12 信号导入（二）◆

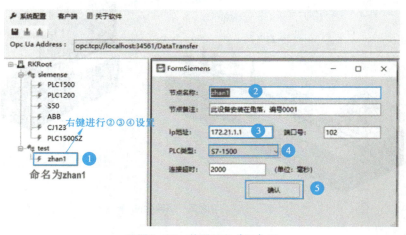

◆ 图9-13 信号导入（三）◆

◆ 图9-14 信号导入（四）◆

3）以上设置完成后，需启动OPC服务，如图9-15所示。

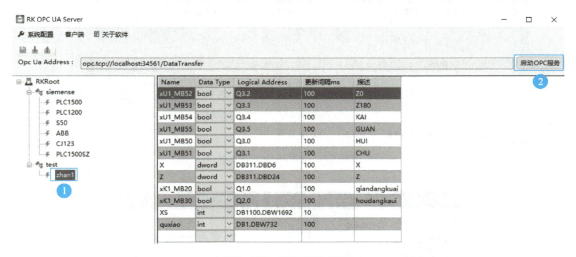

◆ 图9-15 启动OPC服务 ◆

2. 在Process Simulate软件中创建外部连接通道

1）选择"文件"→"选项"→"PLC"→"外部连接"→"连接设置"，如图9-16所示。

2）创建OPC UA通道，如图9-17所示。

3）创建OPC UA通道后，按图9-18所示进行设置，完成外部连接通道的创建。

4）验证zhan1立体仓库单元外部连接通道正常与否，如图9-19所示。

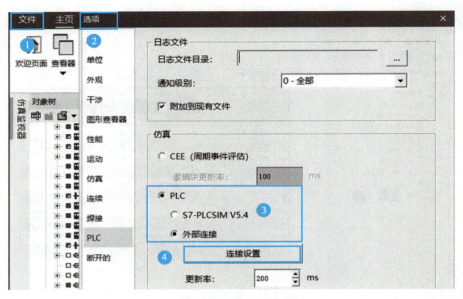

◆ 图9-16 连接设置 ◆

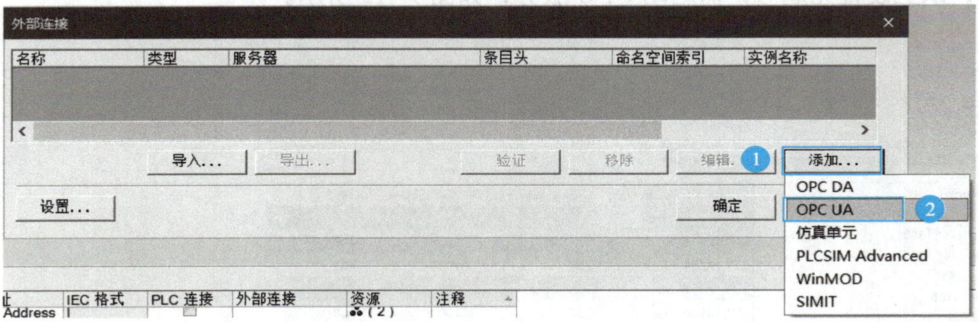

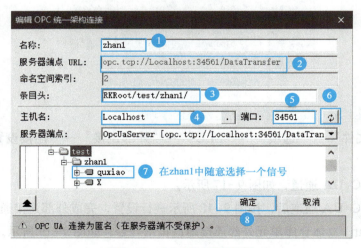

◆ 图9-17 创建OPC UA通道 ◆

◆ 图9-18 OPC UA通道设置 ◆

![图9-19 外部连接通道验证]

◆ 图9-19 外部连接通道验证 ◆

说明：图9-19中②外部连接中的"zhan1"由红色变成黑色说明外部连接通道创建成功，同时单击"序列编辑器"中的"播放"按钮验证通道连接正常与否。

9.4.2 前盖单元的虚实联调

1. 将 zhan2 前盖单元信号表导入 KOESTER.OPC

9-4 前盖单元的虚实联调

1）打开计算机中的 RK OPC UA Server 软件。

2）将事先提供的 zhan2 前盖单元的信号导入到目标计算机的 RK OPC UA Server 中，具体步骤参考 zhan1 立体仓库单元信号的导入。需要注意的是将节点名称改为 zhan2，IP 地址改为 172.21.2.1，PLC 类型改为 S7-1500，如图 9-20、图 9-21 所示。

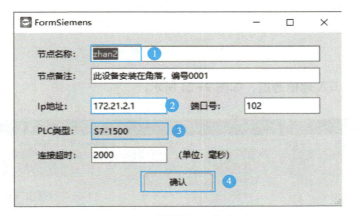

◆ 图9-20 前盖单元设置（一）◆

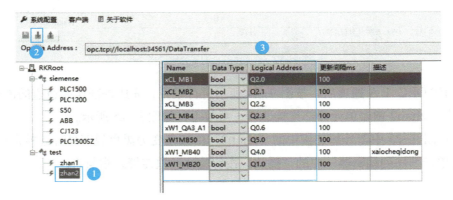

◆ 图9-21 前盖单元设置（二）◆

3）以上设置完成后，需启动 OPC 服务，参考 zhan1 立体仓库单元的 OPC 服务启动。

2．在 Process Simulate 软件中创建外部连接通道

1）选择"文件"→"选项"→"PLC"→"外部连接"→"连接设置"，如图 9-22 所示。

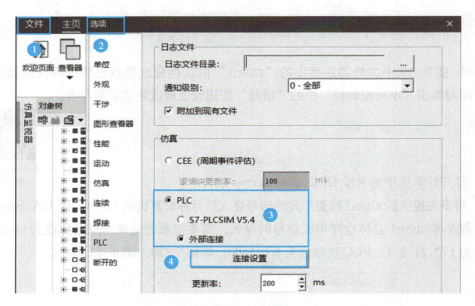

◆ 图9-22　连接设置 ◆

2）创建 OPC UA 通信通道，如图 9-23 所示。

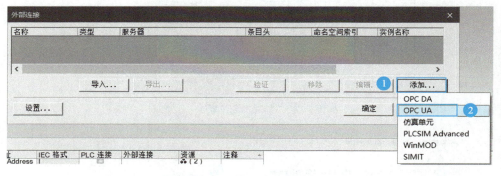

◆ 图9-23　创建OPC UA通信通道 ◆

3）创建 OPC UA 通道后，按图 9-24 所示进行设置，完成外部连接通道的创建。

4）验证 zhan2 前盖单元外部连接通道正常与否，如图 9-25 所示。

说明：图 9-25 中②外部连接中的"zhan2"由红色变为黑色说明外部连接通道创建成功，同时单击"序列编辑器"中的"播放"按钮验证通道连接正常与否。

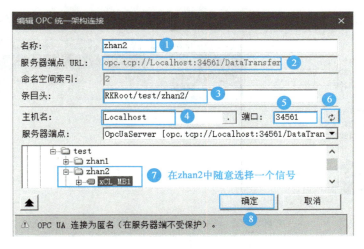

◆ 图9-24　zhan2 OPC UA通道设置 ◆

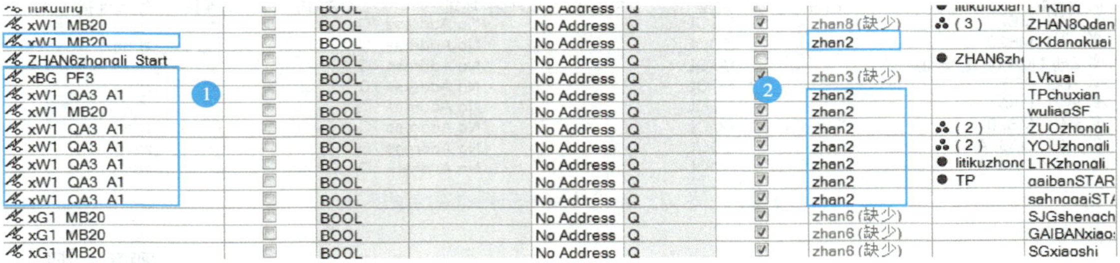

◆ 图9-25　外部连接通道验证 ◆

9.4.3　检测单元的虚实联调

zhan3 检测单元的虚实联调可参考 zhan1 立体仓库单元和 zhan2 前盖单元的设置。设置完成的 zhan3 检测单元如图 9-26、图 9-27 和图 9-28 所示。

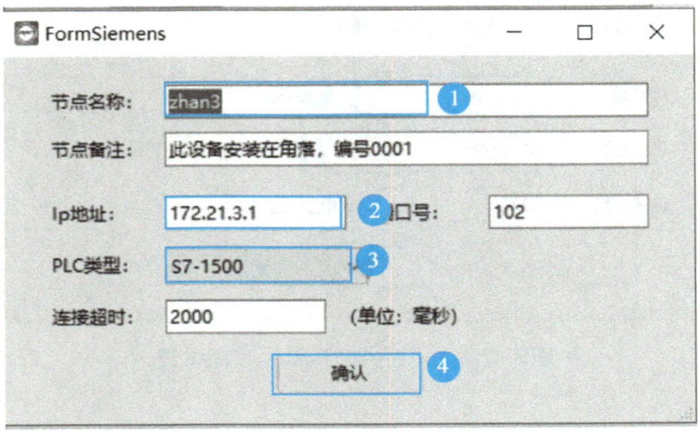

9-5　检测单元的虚实联调

◆ 图9-26　zhan3检测单元节点设置 ◆

◆ 图9-27　zhan3检测单元信号导入 ◆

◆ 图9-28　zhan3检测单元外部连接通道 ◆

9.4.4　钻孔单元的虚实联调

zhan4 钻孔单元的虚实联调可参考 zhan1 立体仓库单元和 zhan2 前盖单元的设置。设置完成的zhan4钻孔单元如图9-29、图9-30和图9-31所示。

9-6　钻孔单元的虚实联调

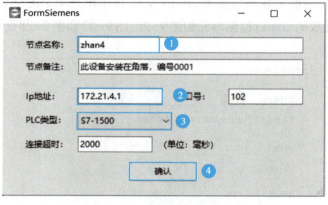

◆ 图9-29　zhan4钻孔单元节点设置 ◆

9.4.5　机器人装配单元的虚实联调

zhan5 机器人装配单元的虚实联调可参考 zhan1 立体仓库单元和 zhan2 前盖单元的设

9-7　机器人装配单元的虚实联调

置。设置完成的 zhan5 机器人装配单元如图 9-32、图 9-33 和图 9-34 所示。

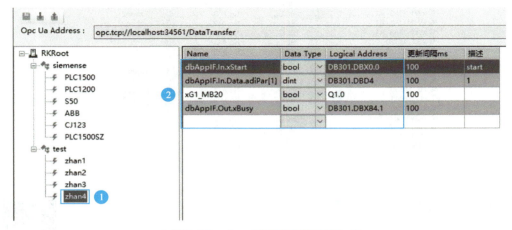

◆ 图9-30　zhan4钻孔单元信号导入 ◆

◆ 图9-31　zhan4钻孔单元外部连接通道 ◆

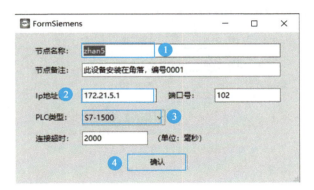

◆ 图9-32　zhan5机器人装配单元节点设置 ◆

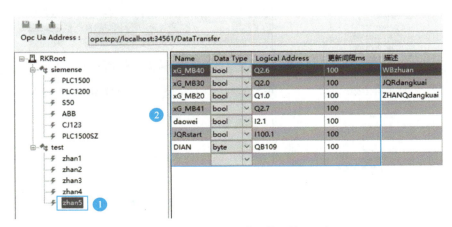

◆ 图9-33　zhan5机器人装配单元信号导入 ◆

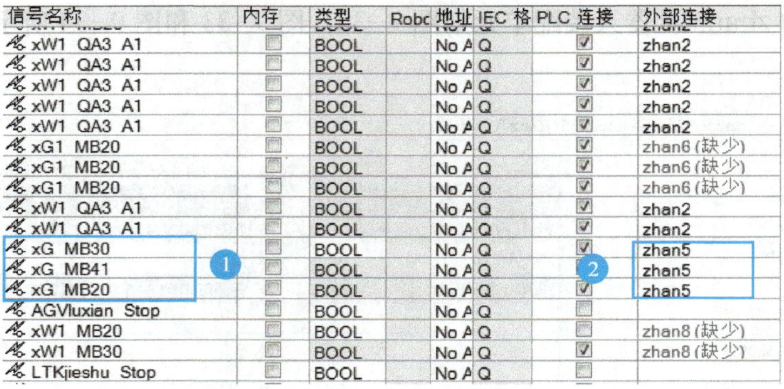

◆ 图9-34　zhan5机器人装配单元外部连接通道 ◆

9.4.6　后盖单元的虚实联调

zhan6 后盖单元的虚实联调可参考 zhan1 立体仓库单元和 zhan2 前盖单元的设置。设置完成的 zhan6 后盖单元如图 9-35、图 9-36 和图 9-37 所示。

9-8　后盖单元的虚实联调

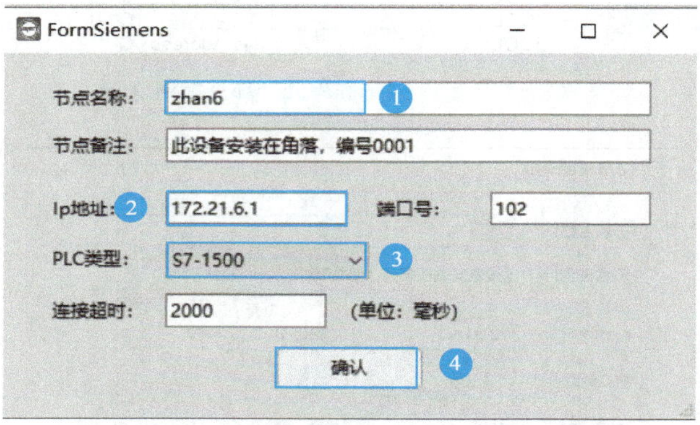

◆ 图9-35　zhan6后盖单元节点设置 ◆

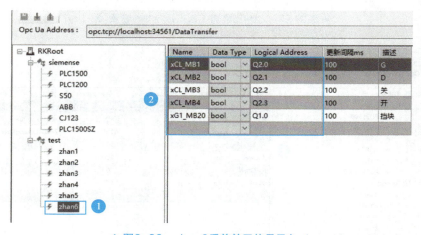

◆ 图9-36　zhan6后盖单元信号导入 ◆

xW1_QA3_A1		BOOL	No A Q	☑	zhan2	● TP	
xG1_MB20	①	BOOL	No A Q	☑	zhan6	②	
xG1_MB20		BOOL	No A Q	☑	zhan6		
xG1_MB20		BOOL	No A Q	☑	zhan6		
xW1_QA3_A1		BOOL	No A Q	☑	zhan2	● PCB_DB	
xW1_QA3_A1		BOOL	No A Q	☑	zhan2		
xG_MB30		BOOL	No A Q	☑	zhan5		
xG_MB41		BOOL	No A Q	☑	zhan5	⋯ (3)	

◆ 图9-37　zhan6后盖单元外部连接通道 ◆

9.4.7　压紧单元的虚实联调

zhan7压紧单元的虚实联调可参考zhan1立体仓库单元和zhan2前盖单元的设置。设置完成的zhan7压紧单元如图9-38、图9-39和图9-40所示。

9-9　压装单元的虚实联调

◆ 图9-38　zhan7压紧单元节点设置 ◆

◆ 图9-39　zhan7压紧单元信号导入 ◆

9-10　输出单元的虚实联调

9.4.8　输出单元的虚实联调

zhan8输出单元的虚实联调可参考zhan1立体仓库单元和zhan2前盖单元的设置。设置完成的zhan8输出单元如图9-41、图9-42和图9-43所示。

🔧 AGVluxian_Stop	☐	BOOL	No A Q	☐	
🔧 xW1_MB20	☐	BOOL	No A Q	☐	zhan8(缺少)
🔧 dbAppIF.Out.xBusy	☐	BOOL	No A Q	☑	zhan7
🔧 xG1_MB20	☐	BOOL	1.0 Q1.0	☑	zhan7
🔧 xU1_MB55	☐	BOOL	3.5 Q3.5	☑	zhan1
🔧 xU1_MB54	☐	BOOL	3.4 Q3.4	☑	zhan1
🔧 wujiqiren_Position	☐	REAL	No A I	☐	

◆ 图9-40　zhan7压紧单元外部连接通道 ◆

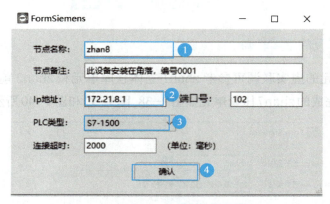

◆ 图9-41　zhan8输出单元节点设置 ◆

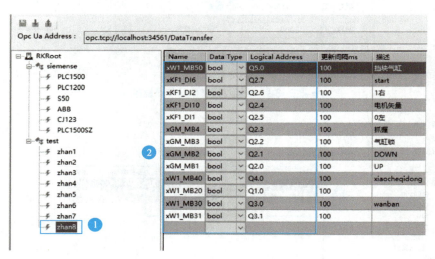

◆ 图9-42　zhan8输出单元信号导入 ◆

🔧 xG_MB30	☐	BOOL	No A Q	☑	zhan5
🔧 xG_MB41	☐	BOOL	No A Q	☑	zhan5
🔧 xG_MB20	☐	BOOL	No A Q	☑	zhan5
🔧 AGVluxian_Stop	☐	BOOL	No A Q	☐	
🔧 xW1_MB20	☐	BOOL	No A Q	☑	zhan8
🔧 xW1_MB30	☐	BOOL	No A Q	☑	zhan8
🔧 LTKjieshu_Stop	☐	BOOL	No A Q	☐	
🔧 LTKjieshu_START	☐	BOOL	No A Q	☐	
🔧 JQRluxian_Start	☐	BOOL	No A Q	☐	

◆ 图9-43　zhan8输出单元外部连接通道 ◆

9.4.9 多站通信的注意事项

完成智能工厂整个产线的虚实联调,多站间的通信是必要条件,各站之间无法正常通信则无法完成智能工厂整个产线的虚实联调。实现智能工厂虚实联调和多站之间的通信有如下注意事项:

(1) 激活允许来自远程对象的 PUT/GET 通信访问

完成智能工厂八个单元的虚实联调,需要激活八个工作站 PLC 的 PUT/GET 通信访问通道,每个工作站的激活步骤一样,如图 9-44、图 9-45 所示。

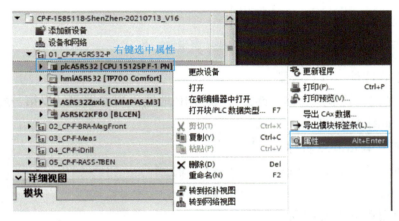

◆ 图9-44　选中PLC右键属性 ◆

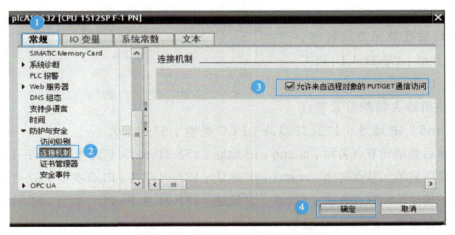

◆ 图9-45　激活PUT/GET通信访问 ◆

(2) OPC Link 新增类别

打开"RK OPC UA",右键单击"RKRoot",选择新增类别,并用英文命名,在智能工厂生产线中命名 test,如图 9-46 所示。

(3) OPC Link 新增西门子节点

右键单击刚刚新建的类别,选择新增西门子节点。

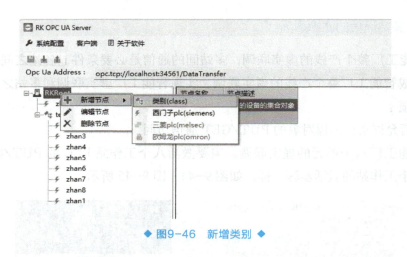

◆ 图9-46 新增类别 ◆

(4) 设置IP地址、PLC类型

按照实际情况设置节点名称（英文），设置IP地址和PLC类型，以第一站立体仓库单元设置为例，如图9-47所示。

第二站前盖单元节点名称：zhan2；IP地址：172.21.2.1；PLC类型：S7-1500。

第三站检测单元节点名称：zhan3；IP地址：172.21.3.1；PLC类型：S7-1500。

第四站钻孔单元节点名称：zhan4；IP地址：172.21.4.1；PLC类型：S7-1500。

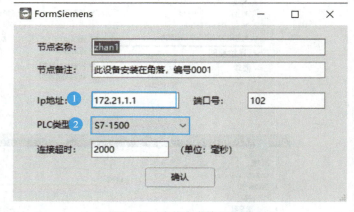

◆ 图9-47 立体仓库单元设置 ◆

第五站机器人装配单元节点名称：zhan5；IP地址：172.21.5.1；PLC类型：S7-1500。

第六站后盖单元节点名称：zhan6；IP地址：172.21.6.1；PLC类型：S7-1500。

第七站压紧单元节点名称：zhan7；IP地址：172.21.7.1；PLC类型：S7-1500。

第八站输出单元节点名称：zhan8；IP地址：172.21.8.1；PLC类型：S7-1500。

(5) 保存设置，启动OPC服务

完成以上所有设置后，需要保存设置并启动OPC服务，如图9-48所示。

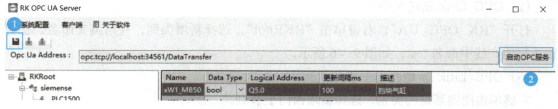

◆ 图9-48 启动OPC服务 ◆

▶ 9.5 任务评价

<table>
<tr><td colspan="7" align="center">任务评价表</td></tr>
<tr><td>课程</td><td colspan="2">智能工厂综合实训</td><td>项目</td><td colspan="2">智能工厂生产线综合调试</td><td>姓名</td></tr>
<tr><td>班级</td><td colspan="2"></td><td>时间</td><td colspan="2"></td><td>学号</td></tr>
<tr><td>序号</td><td colspan="2">评测指标</td><td>评分</td><td colspan="3">备注</td></tr>
<tr><td>1</td><td colspan="2">能够完成立体仓库单元的虚实联调（0-10分）</td><td></td><td colspan="3"></td></tr>
<tr><td>2</td><td colspan="2">能够完成前盖单元的虚实联调（0-10分）</td><td></td><td colspan="3"></td></tr>
<tr><td>3</td><td colspan="2">能够完成检测单元的虚实联调（0-10分）</td><td></td><td colspan="3"></td></tr>
<tr><td>4</td><td colspan="2">能够完成钻孔单元的虚实联调（0-10分）</td><td></td><td colspan="3"></td></tr>
<tr><td>5</td><td colspan="2">能够完成机器人装配单元的虚实联调（0-10分）</td><td></td><td colspan="3"></td></tr>
<tr><td>6</td><td colspan="2">能够完成后盖单元的虚实联调（0-10分）</td><td></td><td colspan="3"></td></tr>
<tr><td>7</td><td colspan="2">能够完成压紧单元的虚实联调（0-10分）</td><td></td><td colspan="3"></td></tr>
<tr><td>8</td><td colspan="2">能够完成输出单元的虚实联调（0-10分）</td><td></td><td colspan="3"></td></tr>
<tr><td>9</td><td colspan="2">能够解决智能工厂虚实联调过程中遇到的问题（0-5分）</td><td></td><td colspan="3"></td></tr>
<tr><td>10</td><td colspan="2">具备分析解决问题的能力（0-5分）</td><td></td><td colspan="3"></td></tr>
<tr><td>11</td><td colspan="2">能够完成智能工厂整体的虚实联调（0-10分）</td><td></td><td colspan="3"></td></tr>
<tr><td colspan="3" align="center">总计</td><td></td><td colspan="3"></td></tr>
<tr><td>综合评价</td><td colspan="6"></td></tr>
</table>

▶ 9.6 任务拓展

根据智能工厂的工艺流程，将学生分为八组。一组负责立体仓库单元，根据提供的变量表完成 PLC 程序的编写，完成手动模式下通过强制 PLC 程序控制模型仿真，进而完成虚实同步。二组负责前盖单元，根据提供的变量表完成 PLC 程序的编写，完成手动模式下通过强制 PLC 程序控制模型仿真，进而完成虚实同步。三组负责检测单元，根据提供的变量表完成 PLC 程序的编写，完成手动模式下通过触摸屏 HMI 控制模型仿真，进而完成虚实同步。四组负责钻孔单元，根据提供的变量表完成 PLC 程序的编写，完成手动模式下通过触摸屏 HMI 控制模型仿真，进而完成虚实同步。五组负责机器人装配单元，只需要通过触摸屏 HMI 启动机器人搬运程序即可。六组负责后盖单元，根据提供的变量表完成 PLC 程序的编写，完成手动模式下通过触摸屏 HMI 控制模型仿真，进而完成虚实同步。七组负责压紧单元，根据提供的变量表完成 PLC 程序的编写，完成手动模式下通过触摸屏 HMI 控制模型仿真，进而完成虚实同步。八组负责输出单元，根据提供的变量表完成 PLC 程序的编写，完成手动模式下通过触摸屏 HMI 控制模型仿真，进而完成虚实同步。完成较快的小组可以协助未完成的小组。

> **科学人文素养**
>
> 团队合作，是实现目标、取得成功的基石。只有每个人都能认识到团队的重要性，才能在团队中保持良好的人际关系、合理分配工作任务、优化流程、提高效率。所以，在项目实施时需要努力营造积极向上的氛围，相信每个人的实力和能力，共同应对挑战和解决问题，一起创造更大的价值，顺利完成智能工厂虚实联调工作。

▶ 9.7 练习题

一、判断题

1. 从生产线的控制过程来看，供料、装配和加工单元都需要对气动执行元件进行逻辑控制。（　　）
2. S7-200系列PLC的计数器有2种：增计数器CTU、减计数器CTD。（　　）
3. 双电位磁控阀的两个电控信号不能同时为"1"。（　　）
4. PLC适用于大多数工业现场，但是对使用场合、环境温度有要求限制。（　　）
5. 无论简单或者复杂的机器人动作，都需要先设计流程图，再进行编程。（　　）

二、单项选择题

1. 变频器的主电路输出与（　　）连接。
   A．步进电动机　　　B．PLC　　　C．驱动器　　　D．三相异步电动机
2. 驱动器的控制元件输入端使用的是（　　）电压。
   A．DC 12V　　　B．DC 36V　　　C．DC 24V　　　D．DC 48V
3. 工业机器人一般需要（　　）个自由度才能使手部达到目标位置并处于期望的姿态。
   A．3　　　B．4　　　C．6　　　D．9
4. 大批量生产方式是指大规模的生产（　　）品种的生产方式。
   A．多一　　　B．单一　　　C．大批量　　　D．小批量

三、简答题

1. 什么是精益生产？
2. 简述智能工厂的工艺流程。

PROJECT 10
项目 ⑩

智能工厂生产线的维护和维修

▶ 10.1 项目描述

10.1.1 工作任务

在现代工业生产中，设备维护和保养是确保生产连续性和质量稳定的重要环节。无论是生产设备、机械还是工具，它们都需要定期维护和保养，以确保其正常运行、延长使用寿命并最大限度地提高生产率。本项目主要任务是学习智能工厂的维护和维修相关知识，通过了解维护与维修的基本知识、生产线维护和维修的常见方法、维护与维修的安全注意事项，完成智能工厂部分单元的维护与维修工作，最后，分别撰写智能工厂的维护手册和维修手册。图10-1所示为智能工厂的维护和维修。

◆ 图10-1 智能工厂的维护和维修 ◆

10.1.2 任务要求

1．完成前盖单元与检测单元的故障分析与故障解决。
2．完成后盖单元与机器人装配单元的故障分析与故障解决。
3．按照保养维护计划实施机器人装配单元的日常保养维护。
4．依据智能工厂设备运行情况撰写智能工厂的维护手册和维修手册。

10.1.3 学习成果

在了解了智能工厂的维护方式后，通过学习掌握智能工厂故障的分析方法，完成智能工厂各单元的故障分析及解决方案。

10.1.4 学习目标（图10-2）

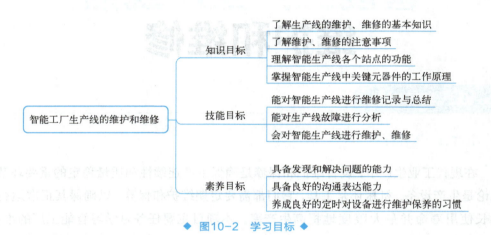

◆ 图10-2 学习目标 ◆

▶ 10.2 工作任务书

在工作过程中，请结合表10-1中的内容了解本项目的任务和关键指标。

表10-1 智能工厂生产线的维护和维修任务书

任务书			
课程	智能工厂综合实训	项目	智能工厂生产线的维护和维修
姓名		班级	
时间		学号	
任务	撰写维护手册、维修手册		
项目描述	本项目主要任务是学习智能工厂的维护和维修相关知识，通过了解维护与维修的基本知识、生产线维护和维修的常见方法、维护与维修的安全注意事项，完成智能工厂部分单元的维护与维修工作，最后，分别撰写生产线的维护手册和维修手册		

(续)

任务书	
关键指标	1. 了解维护和维修的概念及重要性 2. 了解智能工厂的维护方式 3. 学会智能工厂故障分析 4. 做好智能工厂的维修记录与总结

▶ 10.3 知识准备

10.3.1 机器人的维护和维修

工业机器人如图10-3所示，机器人的维护和维修主要包括以下几个方面：

10-1 知识准备

◆ 图10-3 工业机器人 ◆

1. 机械系统维护

1）了解机器人的机械结构、传动原理及其零部件，如关节、轴、齿轮、导轨等。

2）学习如何进行定期润滑、清洁以及磨损部件的更换，确保机械系统的正常运转并延长其使用寿命。

3）掌握常见机械故障的诊断方法，包括异响、振动、卡死等问题的识别与处理。

2. 电气系统维护

1）熟悉伺服电动机、编码器、电源模块、接触器等电气元件的工作原理和性能指标。

2）学会检测和更换伺服驱动器、电池（例如SMB电池）、电缆连接等电气组件。

3）掌握电气安全规范，会进行接地检查、绝缘测试及电气参数调整。

3．控制系统维护

1）理解 PLC 和工业计算机在机器人控制系统中的作用，并能进行程序备份、恢复和修改。

2）掌握机器人控制器的软件升级、系统设置及故障排除技巧。

3）学习使用离线仿真工具对机器人程序进行调试和优化。

4．传感器与反馈系统

1）熟知各类传感器（如位置传感器、速度传感器、力矩传感器、视觉传感器、触觉传感器等）的工作原理及维护方法。

2）能够进行传感器校准、更换和故障排查。

5．预防性维护

1）根据制造商提供的维护手册或保养周期表，执行日常、周期性和预见性的维护工作。

2）记录并分析设备运行数据，预测潜在故障，制订合理维护计划。

6．故障诊断与修复

1）学习运用故障树分析、故障模式影响分析等方法诊断问题。

2）掌握利用机器人自带的诊断工具或第三方专业仪器进行硬件和软件层面的故障定位与修复。

7．安全操作与管理

1）遵守相关安全规定，掌握紧急停止、手动操作模式下的机器人控制方法。

2）建立健全设备台账，记录维护历史和备件更换情况。

10.3.2 智能工厂的维护方式和内容

1．认识日常点检记录表（见表10-2）

表10-2 点检表

部门：		设备型号/编号：																														年 月	
序号	保养内容	日期																															
		1	2	3	4	5	6	7	8	9	10	11	12	13	14	15	16	17	18	19	20	21	22	23	24	25	26	27	28	29	30	31	
1	各操作运行部位按键是否正常																																
2	各紧固螺钉是否有松动																																
3	润滑系统是否有定期加油																																
4	气压是否正常																																
5	机器是否有异响异味																																
6	机器台面及周边是否清洁																																
7																																	

(续)

序号	保养内容	日期																														
		1	2	3	4	5	6	7	8	9	10	11	12	13	14	15	16	17	18	19	20	21	22	23	24	25	26	27	28	29	30	31
8																																	
9																																	
10																																	
	操作员																																

故障描述 （陈述故障现象）						反应计划 （陈述处理措施）			

序号	周点检及保养项目	第一周	第二周	第三周	第四周	第五周	一级保养项目	保养情况
1								
2								
3								
4							一级保养人：	
	周保养人：						部门主管：	
	部门主管：						设备管理员：	

说明	1. 记录符号：正常√ 异常△ 待修× 停机/ 2. 保养人与主管人员应签字确认，以示负责。 3. 本表要求各使用单位落实，实施，填写详实，遇问题立即汇报管理部门。 4. 每月底将完成表单交至设备管理员存档作为审核的参考，并领取新表单填写。 5. 周保养时间：每周六下午15:30—17:30；一级保养时间：月底最后一周的周六8:00—17:30（遇节假日、停电，或其他特殊情况，可提前保养或推迟）

确定检查点时一般将设备的关键部位和薄弱环节列为检查点，其关键部位和薄弱环节的确定与设备的结构、工作条件、生产工艺及设备在生产中所处的地位有很大关系。检查点选择不当或数量过少，难以达到预定的目的；检查点过多，势必造成经济上不合理。因此，必须全面考虑以上因素，合理确定检查点的部位和数量。检查点一经确定，不应随意变更。

检查内容如下：

1) 机器人是否漏油。

2) 控制柜通风口是否有异物遮挡。

3) 是否能听见机器人异响、摩擦。

4) 气压是否正常。

2. 认识设备计划维修表

日常保养是维护设备正常运行的基础，是预防事故发生的有效措施。当班操作人员应每天下班前15min进行设备的日常保养，通过对设备的检查、清扫和擦拭，使设备处于整齐、清洁、安全、润滑等良好的状态。除此之外，在以预防为主的思想指导下，把设备维护作业项目按其周期长短分别组织在一起，分级定期执行。设备的定期维护按时间长短可分为：日常维护、一级维护和二级维护，对应的维护时间分别为1天、1个月和1年。

维护内容如下：

1）清点工件数量。
2）检查机器人运动时是否存在异响。
3）清洁设备各部位，使设备内外干净，无油污、锈迹、灰尘和杂物。
4）检查各种工具、附件是否定点放置，且摆放有序、整齐。

3. 维护科目和维护项目

对设备进行维护时可以按设备类别分为五个科目，如机器人夹爪属于气动类，此外，设备还可以分为机械、驱动、电气和信息化四个科目。

按对设备不同维护行为进行分类，又可以分成不同的维护项目，比如机器人长时间使用后，需要对其进行润滑轴承和紧固基座，润滑和紧固便是机器人的维护项目。设备其他的维护项目有清扫、调整、更换等。

4. 机器人故障时的解决方案

在智能工厂中，由于种种原因会造成设备故障的出现，特别是当机器人在运行过程中突然出现故障时，必须要有规范的操作步骤才能安全地处理故障，进而避免安全事故的发生，具体操作步骤如下：

1）检查机器人本体上的平行抓手电磁感应器是否到位。
2）检查气路是否正常，主要检查是否有漏气的地方，是否有折损的地方。
3）检查监控外部 PLC 与机器人之间的信号交互是否正常。
4）检查各设备的急停按钮是否被按下，特别是机器人控制器上面的急停按钮。
5）检查智能产线各工作站的传感器是否正常输出和输入。
6）检查机器人工作站的安全窗是否被打开。
7）中途如需移动机器人，则要将产线模式改为手动模式，同时将机器人移动的速度降低，慢慢移动机器人至安全区域。

5. 伺服电动机常见故障及维修方式

伺服电动机应用广泛，但长期运行后会发生各种故障，及时判断伺服电动机故障原因，进行相应处理，是防止故障扩大，保证设备正常运行的一项重要的工作。

1）通电后伺服电动机不能转动，但无异响，也无异味和冒烟。

故障原因：①电源未通（至少两相未通）；②熔丝熔断（至少两相熔断）；③过流继电器调得过小；④控制设备接线错误。

故障排除：①检查电源回路开关，熔丝、接线盒处是否有断点，修复；②检查熔丝型号、熔断原因，换新熔丝；③调节继电器整定值与电动机配合；④改正接线。

2）通电后伺服电动机不转，有嗡嗡声。

故障原因：①转子绕组有断路（相断线）或电源相失电；②绕组引出线始末端接错或绕组内部接反；③电源回路接点松动，接触电阻大；④电动机负载过大或转子卡住；⑤电源电压过低；⑥小型电动机装配太紧或轴承内油脂过硬；⑦轴承卡住。

故障排除：①查明断点予以修复；②检查绕组极性，判断绕组末端是否正确；③紧固松动的接线螺钉，用万用表判断各接头是否正常，予以修复；④减载或查出并消除机械故障；⑤检查是否把规定的面接法误接，是否由于电源导线过细使压降过大，予以纠正；⑥重新装配使之灵活，更换合格油脂；⑦修复轴承。

3）伺服电动机起动困难，额定负载时，电动机转速低于额定转速较多。

故障原因：①电源电压过低；②面接法电动机误接；③转子开焊或断裂；④转子局部线圈错接、接反；⑤修复电动机绕组时增加匝数过多；⑥电动机过载。

故障排除：①测量电源电压，设法改善；②纠正接法；③检查开焊和断点并修复；④查出误接处，予以改正；⑤恢复正确匝数；⑥减载。

4）伺服电动机空载电流不平衡，三相相差大。

故障原因：①绕组首尾端接错；②电源电压不平衡；③绕组存在匝间短路、线圈反接等故障。

故障排除：①检查并纠正；②测量电源电压，设法消除不平衡；③消除绕组故障。

5）伺服电动机运行时响声不正常，有异响。

故障原因：①轴承磨损或油内有砂粒等异物；②转子铁心松动；③轴承缺油；④电源电压过高或不平衡。

故障排除：①更换轴承或清洗轴承；②检修转子铁心；③加油；④检查并调整电源电压。

6）运行中伺服电动机振动较大。

故障原因：①由于磨损导致轴承间隙过大；②气隙不均匀；③转子不平衡；④转轴弯曲；⑤联轴器（带轮）同轴度超差。

故障排除：①检修轴承，必要时更换；②调整气隙，使之均匀；③校正转子动平衡；④校直转轴；⑤重新校正，使之符合规定。

7）伺服电动机轴承过热。

故障原因：①润滑脂过多或过少；②油质不好，含有杂质；③轴承与轴颈或端盖配合不当（过松或过紧）；④轴承内孔偏心，与轴相擦；⑤电动机端盖或轴承盖未装平；⑥电动机与负载间联轴器未校正，或传动带过紧；⑦轴承间隙过大或过小；⑧电动机轴弯曲。

故障排除：①按规定加润滑脂（容积的 1/3～2/3）；②更换清洁的润滑脂；③配合过松可用黏结剂修复，磨轴颈或端盖内孔，使之适合；④修理轴承盖，消除擦点；⑤重新装配；⑥重新校正，调整传动带张力；⑦更换新轴承；⑧校正电动机轴或更换转子。

8）伺服电动机过热甚至冒烟。

故障原因：①电源电压过高；②电源电压过低，电动机又带额定负载运行，电流过大使绕组发热；③修理拆除绕组时，采用热拆法不当，烧伤铁心；④电动机过载或频繁起动；⑤电动机缺相，两相运行；⑥重绕后定子绕组浸漆不充分；⑦环境温度高，电动机表面污垢多，或通风道堵塞。

故障排除：①降低电源电压（如调整供电变压器分接头）；②提高电源电压或换粗供电导线；③检修铁心，排除故障；④减载，按规定次数控制起动；⑤恢复三相运行；⑥采用二次浸漆及真空浸漆工艺；⑦清洗电动机，改善环境温度，采用降温措施。

6. 工厂维修前准备工作

维修前应先对程序进行备份，防止在维修过程中丢失数据或程序被意外修改。

①仔细阅读设备说明书；②维修控制设备前进行数据备份；③提前准备维护维修记录表。

10.3.3 智能工厂的故障分析法

"望、闻、问、切"是中医用语，合称中医四诊。设备故障也可以通过人的手、眼、鼻、耳等器官，利用"望、闻、问、切、听"的手段，直接感知故障设备温升、振动、气味、响声的异常，确定设备的故障部位，如图10-4所示。

◆ 图10-4 观察设备 ◆

1）各种电动机及电气元件线圈烧毁，煤气、天然气等可燃气体管路泄漏等都是外观看不出来的，但是能够产生或大或小的异常气味。可以通过闻有没有烧焦的味道，来判断电动机、线路等元器件的绝缘漆、塑料、橡胶等是否过热、烧焦，所以此方法适合对设备的内部故障和易燃易爆气体的泄漏进行检查和诊断。

2）故障分析法的"切"是指用手触摸设备的发热部位，感知其表面的温度，适用于对电动机、轴承箱、齿轮箱、泵、阀等设备部件的辅助检查。设备在正常工作时发热量是很低的，表面温度一般不会超过60℃。但是当设备在超负荷工作或润滑条件不好的情况下，有可能会造成内部零部件变形、磨损甚至破裂的严重后果。这些零件损坏后，运转过程中产生的摩擦阻力会大大增加，摩擦产生的热量能够使机体的外壳温度明显上升，高于正常温度，用手触摸就能感觉到。

10.3.4 智能工厂的维修记录与总结

在维修完成后需要及时针对发生的故障填写设备维修记录表，见表10-3，并按机械、气动、驱动、电气、通信分类别做好设备的维修总结，比如驱动部分的机器人可以如下记录：

表10-3 设备维修记录表

设备维修记录表					
设备编号		使用部分		年　　月　　日	
设备名称		型号规格		操作人员	
故障日期		报修时间		修理时间	
制造厂家				修理完工时间	
故障现象		故障原因		解决办法	
更换零件清单					备注
名称	型号规格	数量	修理人		

1）机器人发出刺耳噪声。

2）可能是机械结构磨损或系统参数设置不合适导致产生异响。

3）对异响部位进行清洁或者更换，重新设置并调节系统参数，若不能解决应及时联系机器人工程师。

这三项应分别填入表10-3的故障现象、故障原因、解决办法中。

▶ 10.4 任务实施

10.4.1 智能工厂前盖单元故障诊断与排除

在启动智能工厂生产线后，运输小车运至前盖单元目标位置后，发现前盖单元无法正常放置前盖，请对故障原因进行分析并解决故障。图10-5所示为前盖单元。

10-2　任务实施

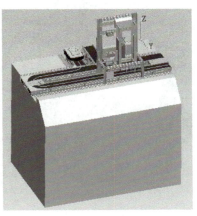

◆ 图10-5　前盖单元 ◆

1．故障分析

1）料仓中无料，导致料仓传感器无法将信号反馈至PLC，造成PLC程序无法继续运行，进而造成无法放置前盖。

2）料仓气缸没有上升到位，导致无法将信号反馈至PLC，造成PLC程序无法继续运行，进而造成无法放置前盖。

3）内侧放料气缸没有关闭到位，导致无法将信号反馈至PLC，造成PLC程序无法继续运行，进而造成无法放置前盖。

4）可参考触摸屏报警画面进行分析。

2．故障解决

1）如料仓中无料，则在料仓中进行补料。

2）如料仓气缸没有上升到位，则将工作模式切换为手动模式，通过触摸屏将料仓气缸上升到位，上升到位后将工作模式切换为自动模式。

3）如内侧放料气缸没有关闭到位，则将工作模式切换为手动模式，通过触摸屏将内侧放料气缸关闭到位，关闭到位后将工作模式切换为自动模式。

3．动作执行信号的确定

在故障的解决过程中，通过对PLC程序的监控或对PLC程序的解读，将气缸的执行信号进行连线确定，如图10-6所示。

◆ 图10-6 动作信号确定 ◆

10.4.2 智能工厂检测单元故障诊断与排除

在启动智能工厂生产线后，运输小车运行至检测单元目标位置。高度检测传感器完成对物料的检测后，阻挡气缸没有下落，因此造成运输小车无法运行至下一工位，请对故障原因进行分析并解决故障。图10-7所示为检测单元。

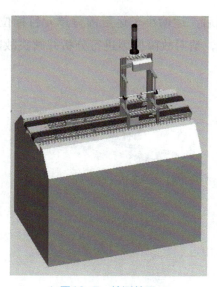

◆ 图10-7 检测单元 ◆

1. 故障分析

1）运输小车没有运行到位，到位信号无法反馈至 PLC，造成 PLC 程序无法继续运行，导致阻挡气缸无法下落，因此运输小车无法运行至下一工位。

2）运输小车上面没有前盖，高度检测传感器无法正确对物体进行检测，造成 PLC 程序无法继续运行，导致阻挡气缸无法下落，因此运输小车无法运行至下一工位。

3）运输小车上面的前盖顺序颠倒，高度检测传感器无法对物体进行准确检测，造成 PLC 程序无法继续运行，导致阻挡气缸无法下落，因此运输小车无法运行至下一工位。

4）可参考触摸屏报警画面进行分析。

2. 故障解决

1）如运输小车没有运行到位，则将工作模式切换为手动模式，手动将运输小车移至目标位置后将工作模式切换为自动模式。

2）如运输小车上面没有前盖，则将工作模式切换为手动模式，手动将前盖准确放置到运输小车上面后将工作模式切换为自动模式。

3）如运输小车上面的前盖放置顺序颠倒，则将工作模式切换为手动模式，手动将前盖按正确放置顺序进行放置，放置完成后将工作模式切换为自动模式。

3. 动作执行信号的确定

在故障解决过程中，通过对 PLC 程序的监控或对 PLC 程序的解读，将阻挡气缸的控制信号和检测完成后的信号灯放行信号连线确定，如图 10-8 所示。

◆ 图10-8 动作信号确定 ◆

10.4.3 智能工厂后盖单元故障诊断与排除

在启动智能工厂生产线后，运输小车运行至后盖单元目标位置后，发现后盖单元无法正常放置后盖，请对故障原因进行分析并解决故障。图 10-9 所示为后盖单元。

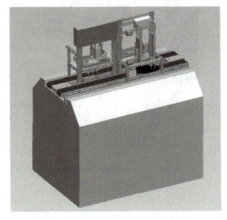

◆ 图10-9 后盖单元 ◆

1. 故障分析

1）料仓中无料，导致料仓传感器无法将信号反馈至 PLC，造成 PLC 程序无法继续运行，进而造成无法放置后盖。

2）料仓气缸没有上升到位,导致无法将信号反馈至 PLC,造成 PLC 程序无法继续运行,进而造成无法放置后盖。

3）内侧放料气缸没有关闭到位,导致无法将信号反馈至 PLC,造成 PLC 程序无法继续运行,进而造成无法放置后盖。

4）可参考触摸屏报警画面进行分析。

2．故障解决

1）如料仓中无料,则在料仓中进行补料。

2）如料仓气缸没有上升到位,则将工作模式切换为手动模式,通过触摸屏将料仓气缸上升到位,上升到位后将工作模式切换为自动模式。

3）如内侧放料气缸没有关闭到位,则将工作模式切换为手动模式,通过触摸屏将内侧放料气缸关闭到位,关闭到位后将工作模式切换为自动模式。

3．动作执行信号的确定

在故障的解决过程中,通过对 PLC 程序的监控或对 PLC 程序的解读,将气缸的动作信号进行连线确定,如图 10-10 所示。

◆ 图10-10 动作信号确定 ◆

10.4.4 智能工厂机器人装配单元故障诊断与排除

在启动智能工厂生产线后,运输小车运行至机器人装配单元目标位置后,机器人没有执行取前盖程序,请对故障原因进行分析并解决故障。图 10-11 所示为机器人装配单元。

◆ 图10-11 机器人装配单元 ◆

1．故障分析

1）运输小车没有运行到位,到位信号无法反馈至 PLC,造成 PLC 无法给机器人发送取料指令。

2）机器人的工作模式没有在外部自动模式,造成 PLC 无法给机器人发送取料指令。

3）料仓中 PCB 保险配件空缺，造成 PLC 无法给机器人发送取料指令。

4）安全门没有关闭或安全门没有关闭到位，造成 PLC 无法给机器人发送取料指令。

5）可参考触摸屏报警画面进行分析。

2．故障解决

1）如运输小车没有运行到位，则将工作模式切换为手动模式，手动将运输小车移至目标位置后将工作模式切换为自动模式。

2）如机器人没有在外部自动模式，则需将工作模式切换为外部自动模式。

3）如料仓中 PCB 保险配件空缺，则需将该站工作模式切换为手动模式后进行补料，补料完成后将工作模式切换为自动模式。

4）如安全门没有关闭或安全门没有关闭到位，则需将安全门关闭到位。

3．动作执行信号的确定

在故障的解决过程中，通过对 PLC 程序的监控或对 PLC 程序的解读，将该站的动作信号进行连线确定，如图 10-12 所示。

◆ 图10-12　动作信号确定 ◆

10.4.5　智能工厂维修手册

设备维修手册					
课程	智能工厂综合实训		项目	智能工厂生产线的维护和维修	
班级		时间		姓名	学号
故障描述					
故障现象	输出单元平行气爪在运输小车到位后，无法打开抓手，进而造成无法对成品进行物料分拣，同时输出单元产线停止				
维修方案	1．气路问题：检查气管有无折断、气路有无漏气，如果是气管被折断则需处理折断处，如果气路有漏气，则需更换气管 2．电气问题：如果电磁阀电源正负极插头松动，则需断电重新插拔				

（续）

<table>
<tr><td colspan="6" align="center">设备维修手册</td></tr>
<tr><td rowspan="3">更换配件清单</td><td align="center">配件名称</td><td align="center">单位</td><td align="center">数量</td><td align="center">单价</td><td align="center">金额</td><td align="center">备注</td></tr>
<tr><td></td><td></td><td></td><td></td><td></td><td></td></tr>
<tr><td></td><td></td><td></td><td></td><td></td><td></td></tr>
<tr><td>客户评价</td><td colspan="3">本次维修结果是否满意：
□非常满意　□基本满意　□不满意</td><td colspan="3">本次维修人员服务评价：
□非常满意　□基本满意　□不满意</td></tr>
</table>

备注：

10.4.6 智能工厂维护手册

<table>
<tr><td colspan="6" align="center">设备维护手册</td></tr>
<tr><td>课程</td><td colspan="2">智能工厂综合实训</td><td>项目</td><td colspan="2">智能工厂生产线的维护和维修</td></tr>
<tr><td>班级</td><td colspan="2"></td><td>时间</td><td>姓名</td><td>学号</td></tr>
<tr><td colspan="6" align="center">维护对象图片</td></tr>
<tr><td>维护对象</td><td colspan="5" align="center">（图片）</td></tr>
<tr><td>维护原因</td><td colspan="5">1. 延长设备寿命
2. 提高设备可靠性
3. 避免设备故障
4. 保证安全生产</td></tr>
<tr><td>维护方案</td><td colspan="5">1. 异响检查——检查各传动机构是否有异响、噪声
2. 干涉检查——检查各传动机构是否运转平稳，有无异常抖动
3. 风冷检查——检查控制柜风扇是否通风顺畅
4. 管线附件检查——检查管线附件是否完整齐全，是否磨损，有无锈蚀
5. 外围电气附件检查——检查机器人外部线路，按钮是否正常
6. 泄漏检查——检查机器人本体上有无泄漏润滑油</td></tr>
<tr><td rowspan="3">使用配件清单</td><td>配件名称</td><td>单位</td><td>数量</td><td>单价</td><td>金额</td><td>备注</td></tr>
<tr><td></td><td></td><td></td><td></td><td></td><td></td></tr>
<tr><td></td><td></td><td></td><td></td><td></td><td></td></tr>
</table>

备注：

机器人日常维护

▶ 10.5 任务评价

<table>
<tr><td colspan="6">任务评价表</td></tr>
<tr><td>课程</td><td colspan="2">智能工厂综合实训</td><td>项目</td><td>智能工厂生产线的维护和维修</td><td>姓名</td></tr>
<tr><td>班级</td><td colspan="2"></td><td>时间</td><td></td><td>学号</td></tr>
<tr><td>序号</td><td colspan="2">评测指标</td><td>评分</td><td colspan="2">备注</td></tr>
<tr><td>1</td><td colspan="2">能够完成前盖单元故障分析与故障解决（0-5分）</td><td></td><td colspan="2"></td></tr>
<tr><td>2</td><td colspan="2">能够完成检测单元故障分析与故障解决（0-5分）</td><td></td><td colspan="2"></td></tr>
<tr><td>3</td><td colspan="2">能够完成后盖单元故障分析与故障解决（0-5分）</td><td></td><td colspan="2"></td></tr>
<tr><td>4</td><td colspan="2">能够完成机器人装配单元故障分析与故障解决（0-5分）</td><td></td><td colspan="2"></td></tr>
<tr><td>5</td><td colspan="2">能够对机器人进行日常维护保养（0-10分）</td><td></td><td colspan="2"></td></tr>
<tr><td>6</td><td colspan="2">能够对机器人进行季度维护保养（0-10分）</td><td></td><td colspan="2"></td></tr>
<tr><td>7</td><td colspan="2">能够对机器人进行年度维护保养（0-10分）</td><td></td><td colspan="2"></td></tr>
<tr><td>8</td><td colspan="2">能够对机器人进行两年维护保养（0-10分）</td><td></td><td colspan="2"></td></tr>
<tr><td>9</td><td colspan="2">能够认真完成智能工厂其他设备的维护保养（0-10分）</td><td></td><td colspan="2"></td></tr>
<tr><td>10</td><td colspan="2">具备迅速找出设备故障原因并解决故障的能力（0-10分）</td><td></td><td colspan="2"></td></tr>
<tr><td>11</td><td colspan="2">能够完成智能工厂的维护手册和维修手册的撰写（0-20分）</td><td></td><td colspan="2"></td></tr>
<tr><td colspan="3">总计</td><td></td><td colspan="2"></td></tr>
<tr><td>综合评价</td><td colspan="5"></td></tr>
</table>

▶ 10.6 任务拓展

设备保养维护对企业来说具有很重要的意义，能够保证生产线的正常运行，提高生产率和产品质量，为企业创造更多的利润和价值。结合智能工厂生产线的维修和维护，写一份 500 字左右的保养维护心得。

> 科学人文素养
>
> 思维严谨，刻苦钻研，是对一名优秀工作者的基本要求。在对智能工厂进行维护与维修时同样应保持这一优秀品质，要善于发现问题、解决问题，对待工作刻苦认真，对待问题思维严谨，这是做好智能工厂维护与维修的前提。

▶ 10.7 练习题

一、判断题

1．生产线长时间运行后，可以用手直接触碰生产线上的设备。（　　）

2．生产线维修时不需要特别准备维修工具，只需携带比较常用的工具包即可。（　　）

3．填写设备维修记录表时，需要记录故障现象。（　　）

4．智能工厂的传输单元在运行时偶尔会起静电，不影响生产线运行，所以静电对生产没有影响。（　　）

5．使用万用表测量电阻时，开始前应进行欧姆调零，之后切换欧姆档也要进行欧姆调零。（　　）

二、单项选择题

1．下列选项中，（　　）不属于机器人的标准构成。

　　A．机器人本体　　　　　　　　　　B．机器电缆
　　C．控制器　　　　　　　　　　　　D．传感器

2．在对生产线进行维修时，（　　）做法是不合适的。

　　A．仔细阅读生产线说明书
　　B．提前准备维护维修记录表
　　C．根据自身工作经验维修即可，不需要携带电气图
　　D．设备断电后需要挂牌或找专人看守电源

3．智能工厂运维任务不包括（　　）。

　　A．网络与应用系统的运行和维护　　B．紧急故障救援
　　C．产品规划与设计　　　　　　　　D．日常运维

4．智能工厂有别于传统的工厂，它是基于（　　）、符合人体工程学的生产线，而形成的高能效工厂。

　　A．高科技的　　　　　　　　　　　B．适应性强的
　　C．共享的　　　　　　　　　　　　D．信息化的

三、简答题

1．维护和维修的概念是什么？它们有什么区别？

2．结合智能工厂及有关自动化常识，分析说明PLC维护保养的步骤。

PROJECT 11
项目 ⑪

智能工厂生产线的验收与交付

▶ 11.1 项目描述

11.1.1 工作任务

生产线的验收是为了确保设备的正常运行、安全性以及生产率，减少设备故障对生产线造成的影响。生产线的交付是在生产线开发过程中，将最终的生产线交付给客户或者用户的过程。生产线验收与交付是生产线整个开发过程中必不可少的环节。本项目的主要任务是完成智能工厂的验收与交付，在项目验收交付时，需要确定项目需求清单等资料以及完成每个项目对应的交付资料，最后，制作生产线验收与交付明细表。图11-1所示是智能工厂。

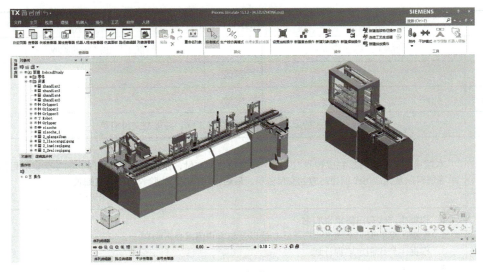

◆ 图11-1 智能工厂 ◆

11.1.2 任务要求

1．按照验收表实施智能工厂立体仓库单元、前盖单元、检测单元、钻孔单元、机器人装配单元、后盖单元、压紧单元和输出单元的验收。

2．完成智能工厂整体产线联动运行的验收。

3．撰写智能工厂生产线的验收与交付明细表。

11.1.3 学习成果

在了解了工厂的功能以及与客户需求是否吻合后，通过学习掌握产品说明书的编写、工厂培训计划的制定，最终完成智能工厂的验收和交付。

11.1.4 学习目标（图11-2）

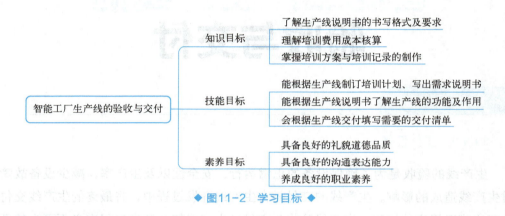

◆ 图11-2 学习目标 ◆

▶ 11.2 工作任务书

在工作过程中，请结合表11-1中的内容了解本项目的任务和关键指标。

表11-1 智能工厂生产线的验收与交付任务书

任务书			
课程	智能工厂综合实训	项目	智能工厂生产线的验收与交付
姓名		班级	
时间		学号	
任务	完成智能工厂生产线的交付工作，并提交交付清单		
项目描述	本项目的主要任务是完成智能工厂生产线的验收与交付，在项目验收交付时，需要确定项目需求清单等资料以及完成每个项目对应的交付资料，最后，制作生产线验收与交付明细表		
关键指标	1．根据生产线写出需求说明书 2．根据产品的说明书知道生产线的功能以及与客户需求是否吻合 3．根据生产线制定培训计划 4．编写交付清单		

11.3 知识准备

11.3.1 验收前的需求清单

1. 交付清单

11-1 知识准备

智能工厂的验收前需要交付清单。智能工厂的交付清单包括使用手册、维修手册和技术说明书等,这些都可以说是智能工厂的说明书,很多的重要信息都是从说明书中得到的。

2. 智能工厂设备使用说明书

智能工厂设备使用说明书可以帮助用户快速了解智能工厂的相关功能。智能工厂设备使用说明书一般包括:产品的结构、型号、规格和性能;正确吊运、安装、使用、操作、保养、维修和存放方法;保护操作者和产品的安全措施,发生意外时的应急处理;尽可能设想用户可能遇到的问题,如产品在不同时间(季节)、不同地点、不同环境条件下可能遇到的问题,并提供预防和解决办法。

3. 智能工厂设备组成说明书

智能工厂由多个站点共同组成,各站点协调合作,从而完成产品的加工。智能工厂说明书也由检测单元说明书、输出单元说明书、料仓单元说明书、立体仓库单元说明书、压紧单元说明书、钻孔单元说明书和机器人装配单元说明书组成。

11.3.2 培训方案的制作与实施过程

1. 前期准备与需求分析

1)市场需求调研:通过问卷调查、社交媒体分析和行业报告等手段,了解社会公众的学习需求,特别是热门技能、兴趣爱好和职业发展等方面。

2)资源整合:评估学校可提供的教学资源,包括专业师资、设施设备和在线学习平台等,确保能满足培训需求。

3)目标群体定位:确定培训对象,分析其岗位特点、知识结构、技能水平和学习偏好。

2. 培训内容的设计

1)目标设定:基于需求分析结果,制定具体、量化、可达成的培训目标。

2)内容规划:根据培训目标,设计课程内容框架,包括理论知识、案例分析和实操练习等。

3)方法选择:根据学员特点和内容特性,选择合适的教学方法(如讲授、讨论、角色扮演和E-learning等)。

4)资源准备:准备教材、课件、工具软件、教学视频等;确认讲师、助教和技术支持人员。

5)时间安排:规划培训周期和每日课程时间表,考虑工作与学习平衡。

6）场地设备：预订培训场地，检查并准备所需设备（投影、音响、网络等），如图 11-3 所示。

3．方案审定与沟通

1）内部评审：组织相关部门和专家对培训方案进行评审，确保内容的准确性和实用性。

2）反馈调整：根据评审意见，优化培训方案。

3）通知发布：向参训人员发布培训通知，说明培训的目的、内容、时间、地点及要求。

4．实施阶段

培训的方法有很多种，如讲授法、演示法、案例分析法、游戏法、讨论法、视听法和角色扮演法等，各种培训方法都有其自身的优缺点。为了提高培训质量，达到培训目的，往往需要将各种方法结合起来灵活运用。

◆ 图 11-3 培训场地的布置 ◆

1）开班动员：举办开班仪式，介绍培训目的、课程安排和考核方式等，激发学员的积极性。

2）教学实施：按计划执行教学活动，注重互动交流，确保学习氛围和效果。

3）进度监控：定期评估培训进展，及时调整教学策略。

4）支持服务：提供必要的学习支持，如答疑、资料补充和心理辅导等。

5．评估与反馈

培训场所有教室、会议室和工作现场等。若以技能培训为内容，最适宜的场所为工作现场，因为培训内容的具体性，许多工作设备是无法在教室或会议室进行演示和供学员练习的。

培训设备包括教材、模型和幻灯机等。不同的培训内容和培训方法决定培训场所和设备。总之，员工培训是培训目的、培训内容、培训指导者、培训对象、培训日期、培训方法和培训场所及设备的有机结合。企业要结合实际，制定一个以培训目的为指南的系统的培训方案。

1）效果评估：通过考试、项目作业、实操演示和满意度调查等方式评估培训效果。

2）数据收集：收集参训者反馈、讲师评价和管理观察等多维度数据。

3）总结报告：撰写培训总结报告，分析培训效果，提出改进建议。

4）持续改进：根据评估结果，调整后续培训计划，形成培训闭环。

11.3.3 培训记录的制作和核算成本

1．培训签到表和总结表

智能工厂的培训需要发放培训的资料，培训人员需要填写签到记录表和培训记录表，培训结束后也需要进行相关的总结考核。

2．培训成本

智能工厂的培训费用包括：受训人员的工资；受训人员的交通、饮食及其他各项开支；

受训人员因参加培训而减少工作的损失;购买或租用器材、场地、教材及训练设备的费用;负责培训的管理人员和主管的工资和时间;外聘讲师、教师、演讲者和培训机构的酬劳。

▶ 11.4 任务实施

11.4.1 智能工厂验收

作为项目验收人员,完成智能工厂项目的验收,结合现场设备运行的实际情况填写表11-2的验收清单表,进而完成项目的验收。

11-2 任务实施

表11-2 验收清单表

用户单位		供货单位		
日期		地点		
设备名称	设备型号		数量	设备编号
智能工厂输出单元			1套	
智能工厂立体仓库单元			1套	
智能工厂前盖单元			1套	
智能工厂压紧单元			1套	
智能工厂检测单元			1套	
智能工厂后盖单元			1套	
智能工厂机器人装配单元			1套	
智能工厂钻孔单元			1套	
验收情况	序号	项目	验收情况	备注
	1	设备外观	□正常□不正常	
	2	电气部分	□正常□不正常	
	3	机械部分	□正常□不正常	
	4	设备运行情况	□正常□不正常	
	5	使用效果	□正常□不正常	
	6	生产线模型	□正常□不正常	
	7	其他资料	□正常□不正常	
结论: 预验收□合格/□不合格、 □具备/□不具备验收条件				
用户单位		供货单位		
成员		成员		
日期		日期		

11.4.2 智能工厂交付

智能工厂完成验收后,与智能工厂制造商进行现场交接,完成智能工厂的资料交付,进而保障智能工厂设备的后期保养维护和故障解决。

1. PLC 程序的交付

将智能工厂制造商提供的 PLC 程序下载到设备中，完成设备工艺流程的验证。如果无法正确完成设备工艺流程的验证，则说明提供的 PLC 程序是有问题的，需制造商提供最终的 PLC 程序。PLC 程序需要符合正确性、可靠性、可读性、简短性、省时性和易改性的标准。

2. 生产线说明书

根据制造商提供的生产线说明书依次启动智能工厂的输出单元、立体仓库单元、前盖单元、压紧单元、检测单元、后盖单元、钻孔单元和机器人装配单元，如果根据生产线说明书能正常启动各单元，则说明提供的生产线说明书是正确的，因此生产线说明书是可以正常交付的。

3. 生产线图样

在完成智能工厂交付时，智能工厂都是能够正常工作的，现场硬件接线一般都是没问题的。当后期设备运行出现接线问题时，可根据生产线图样进行排故，能够正常排故说明交付的生产线图样是没问题的。生产线图样是项目交付的必选项。

4. 三维模型

项目 5 智能工厂生产线的安装需打开模型验证机器人装配单元的工艺流程，如果能正常打开并启动仿真，则说明机器人装配单元三维模型是可以交付的。项目 8 智能工厂单元编程与调试需打开模型完成机器人装配单元的虚拟调试，如果能够正常打开模型并完成项目的最终虚拟调试，则说明该模型是可以交付的。项目 9 智能工厂生产线综合调试需打开智能工厂的八个单元模型完成整个智能工厂的虚实联调，如果能正常完成智能工厂的虚实联调，则说明此模型是可以交付的。

5. 智能工厂维修手册

交付的维修手册如项目 10 中 10.4.5 节所示。

6. 智能工厂维护手册

交付的维护手册如项目 10 中 10.4.6 节所示。

11.4.3 验收与交付明细

验收与交付明细表见表 11-3。

表11-3 验收与交付明细表

客户名称		验收部门/联络人	
产品编号		产品名称	智能工厂生产线
合同编号		合同交付日	
提交理由	□首次提交 □工程变更 □维修确认 □设备保养		

（续）

交付资料	• PLC程序 • 生产线说明书 • 生产线图样 • 三维模型 • 智能工厂维修手册 • 智能工厂维护手册
产品验收	☐ 设备外观是否正常 ☐ 电气部分是否正常 ☐ 机械部分是否正常 ☐ 设备运行情况是否正常 ☐ 使用效果是否正常 ☐ 生产线模型是否正常

▶ 11.5 任务评价

任务评价表

课程	智能工厂综合实训	项目	智能工厂生产线的验收与交付	姓名	
班级		时间		学号	

序号	评测指标	评分	备注
1	能够完成智能工厂立体仓库单元的验收与交付（0-5分）		包括PLC程序、生产线说明书、生产线图样、三维模型、维修手册和维护手册等资料
2	能够完成智能工厂前盖单元的验收与交付（0-5分）		同上
3	能够完成智能工厂检测单元的验收与交付（0-5分）		同上
4	能够完成智能工厂钻孔单元的验收与交付（0-5分）		同上
5	能够完成智能工厂机器人装配单元的验收与交付（0-10分）		同上
6	能够完成智能工厂后盖单元的验收与交付（0-10分）		同上
7	能够完成智能工厂压紧单元的验收与交付（0-10分）		同上
8	能够完成智能工厂输出单元的验收与交付（0-10分）		同上
9	能够完成智能工厂整体生产线运行的验收（0-10分）		智能工厂能否平稳运行
10	能够很好地与设备生产商进行沟通与交流（0-10分）		沟通能力考查

(续)

任务评价表			
序号	评测指标	评分	备注
11	能够完成生产线验收与交付明细表的制作（0~20分）		
	总计		
综合评价			

▶ 11.6 任务拓展

由于学校教学需要，现对外采购一套智能生产线设备用于教学与学习，现阶段已完成设备的安装与调试，马上进入验收与交付阶段，负责项目验收与交付的老师由于种种原因无法参与验收，学校现委派你与设备生产制造商进行对接，完成项目的验收与交付。作为验收者你应该做哪些工作确保顺利地完成验收与交付？

> **科学人文素养**
>
> 文明礼仪，不仅是个人素质、教养的体现，也是个人道德和社会公德的体现，所以，我们应该用文明的行为、举止，合理的礼仪来待人接客。这也是弘扬民族文化、展示民族精神的重要途径。在进行智能工厂的验收与交付工作时也同样应遵循这种优良传统，对待同事、领导要面带微笑，举止言谈要温文尔雅，要学会尊重他人。

▶ 11.7 练习题

一、判断题

1．培训方案的设计主要包括培训需求分析、组成要素分析、培训方案的评估及完善过程三个部分。（   ）

2．管理费用包括对培训中薪水进行评估的费用、交通费用、雇员费用以及传单、手册、笔纸和其他办公杂项费用。（   ）

3．指导课程的费用包括打字费用、通信费用、课程设计费用和其他课前准备工作所花去的费用。（   ）

4．企业培训成本一般分为直接成本和间接成本，间接成本是指由于员工参加培训而造成的误工成本，也称为隐性成本，如工资等。（   ）

5．生产线由多个站点共同组成，各站点协调合作，从而完成产品的加工。同样的生产线说明也由多个站点共同组成。（   ）

二、单项选择题

1. 智能工厂的培训工作，不仅要讲授电气原理、PLC程序等理论知识，还需要讲授如何操作生产线，如开启生产线、暂停生产线等操作，在（　　）场所讲授这些知识比较合适。

　　A．拥有计算机的电子化教室
　　B．生产线现场
　　C．电子化教室和生产线现场
　　D．以上都不合适

2. 智能工厂相比智能生产线，多配备了（　　）单元。

　　A．前盖　　　　　　　　　　B．机床加工
　　C．立体仓库　　　　　　　　D．输出

3. 确定项目是否可行是在（　　）工作过程中完成的。

　　A．项目启动　　　　　　　　B．项目计划
　　C．项目执行　　　　　　　　D．项目收尾

4. 验收工作要求工程资料与工程实际情况相符合且准确无误，各项指标符合设计要求，所有（　　）应符合车间标准化管理要求。

　　A．标签标识　　　　　　　　B．线路
　　C．端口　　　　　　　　　　D．网线

三、简答题

1. 请简要描述一下什么是生产线说明书。
2. 企业一般处理培训预算的方式有哪些？

参 考 文 献

[1] 孟庆波．工业机器人应用系统建模：Tecnomatix[M]．北京：机械工业出版社，2021．

[2] 宋海鹰，岑健．西门子数字孪生技术：Tecnomatix Process Simulate 应用基础[M]．北京：机械工业出版社，2022．

[3] 李卫锋．基于数字孪生技术的智能制造虚拟仿真实训基地建设探索[J]．中国机械，2023(11)：113-116．

[4] 柯志胜，赵巍，王太勇，等．面向数字孪生的智能虚拟生产线与调试系统设计[J]．工具技术，2022，56(9)：86-91．

[5] 靖梦圆．基于PLC的自动化立体库控制设计分析[J]．南方农机，2021，52(4)：171-172．

[6] 赵健．PLC编程虚拟调试技术研究[J]．中国设备工程，2023(14)：269-271．

[7] 李尚春，丛力群，欧阳树生，等．RFID技术在智能化工厂中的应用[J]．控制工程，2010，17(S3)：85-87；186．

[8] 王森磊，胡昊程，张星晨，等．AGV的技术应用现状与发展趋势[J]．数字技术与应用，2023，41(12)：17-21．

[9] 张祖军，赖思琦．智能制造生产线MES系统的设计与开发[J]．制造业自动化，2020，42(8)：85-86；116．

[10] 沈为清，张兴启．智能制造产线MES的体系架构研究[J]．技术与市场，2019，26(8)：48-49．

[11] 苏红生，刘燕江，李高桥，等．工业控制系统网络安全防护体系建设研究[J]．自动化仪表，2024，45(2)：111-115．

[12] 李钟琦，路璐，于志鹏．IO-Link：智慧的通信技术[J]．仪器仪表标准化与计量，2021(1)：13-14；24．

[13] 尤正建．精益管理赋能智能制造[J]．现代工业经济和信息化，2023，13(10)：71-73；77．

[14] 魏玲．传感器技术在机电自动化控制中的应用[J]．中国设备工程，2021(4)：215-216．

[15] 于翔．基于TIA Portal与组态软件联合仿真调试研究[J]．今日制造与升级，2023(3)：120-122．

[16] 刘毅东，刘海军，杨旭．PLC调试系统的应用与控制方法研究[J]．造纸装备及材料，2023，52(5)：55-57．

[17] 谢保金．现代工程设备的维护与保养[J]．科技与企业，2012(19)：351；353．

[18] 许海龙．生产线设备的维修及维护浅探[J]．科技创新与应用，2013(18)：130．

[19] 高云霄，胡洪伟，姚单，等．智能生产线设备验收指标与验收方法[J]．电子产品可靠性与环境试验，2022，40(3)：22-26．